GORSKI VIJENAC

GORSKI VIJENAC

PETAR P. NJEGOŠ

Globland Books

POSVETA PRAHU OCA SRBIJE

Nek se ovaj vijek gordi nad svijema vjekovima,
on će era biti strašna ljudskijema koljenima!
U nj se osam blizanacah u jedan mah iznjihaše
iz kolevke Belonine i na zemlji pokazaše:
Napoleon, Karlo, Bliher, knez Velinkton i Suvorov,
Karađorđe, bič tirjanah, i Švarcenberg i Kutuzov.
Arei je, strava zemna, slavom bojnom njih opio
i zemlju im za poprište, da se bore, naznačio.
Iz grmena velikoga lafu izać trudno nije:
u velikim narodima geniju se gn'jezdo vije;
ovde mu je pogotovu materijal k slavnom djelu
i trijumfa dični v'jenac, da mu krasi glavu smjelu.
Al' heroju *topolskome*, Karađorđu besmrtnome,
sve prepone na put bjehu, k cilju dospje velikome:
diže narod, krsti zemlju, a varvarske lance sruši;
iz mrtvijeh Sr̀ba dozva, dunu život srpskoj duši.
Evo tajna besmrtnika: dade Srbu stalne grudi,
od viteštva odviknuta, u njim' lafska srca budi.
Faraona istočnoga pred *Đorđem* se mrznu sile,

Đorđem su se srpske mišce sa viteštvom opojile!
Od *Đorđa* se Stambol trese, krvožedni otac kuge,
sabljom mu se Turci kunu — kletve u njih nema druge.
. . . .
. . . .
. . . .
Da, viteza sustopice tragičeski konac prati:
tvojoj glavi bi suđeno za v'jenac se svoj prodati!
. . . .
. . . .
. . . .
Pokoljenja djela sude, što je čije daju svjema!
Na Borise, Vukašine opšta grmi anatema,
gadno ime Pizonovo ne sm'je kaljat mjesecoslov,
za Egista uprav sliči grom nebesni, sud Orestov.
. . . .
. . . .
. . . .
Nad svijetlim tvojim grobom zloba grdna bljuva tmuše,
al' nebesnu silnu zraku što ć' ugasit tvoje duše?
Plačne, grdne pomrčine — mogu l' one svjetlost kriti?
Svjetlosti se one kriju, one će je raspaliti.
Plam će vječno životvorni blistat Srbu tvoje zublje,
sve će sjajnî i čudesnî u vjekove bivat dublje.
. . . .
. . . .
. . . .
Zna Dušana rodit Srpka, zna dojiti Obiliće;
al' heroje kâ Požarske, divotnike i plemiće,

gle, Srpkinje sada rađu! Blagorodstvom Srpstvo diše!
Bježi, grdna kletvo, s roda — zavjet Srbi ispuniše!

U Beču, na Novo ljeto 1847. goda.
SOČINITELJ

LICA

VLADIKA DANILO
IGUMAN STEFAN
SERDAR JANKO ĐURAŠKOVIĆ
SERDAR RADONJA
SERDAR VUKOTA
SERDAR IVAN PETROVIĆ
KNEZ RADE, BRAT VLADIKE DANILA
KNEZ BAJKO
KNEZ ROGAN
KNEZ JANKO
KNEZ NIKOLA
VOJVODA DRAŠKO
VOJVODA MILIJA
VOJVODA STANKO (LJUBOTINJANIN)
VOJVODA BATRIĆ
TOMAŠ MARTINOVIĆ
OBRAD
VUK RASLAPČEVIĆ
VUKOTA MRVALJEVIĆ
VUK TOMANOVIĆ
MNOZINA

BOGDAN ĐURAŠKOVIĆ
VUK MIĆUNOVIĆ
VUK MANDUŠIĆ
VUK LJEŠEVOSTUPAC
POP MIĆO
SESTRA BATRIĆEVA
KADIJA HADŽI-ALI MEDOVIĆ
SKENDER-AGA
MUSTAJ-KADIJA
ARSLAN-AGA MUHADINOVIĆ
KAVAZBAŠA FERAT ZAČIR
RIDŽAL OSMAN
JEDNA BABA

Lica koja pesnik nije uneo u popis:
Vuk Marković, jedan Cuca, jedan vojnik, drugi vojnik, svat Crnogorac, svat Turčin, dače, đaci, momče.

6 — PETAR P. NJEGOŠ

SKUPŠTINA UOČI TROJIČINA DNE NA LOVĆENU

Gluho doba noći, svak spava.

VLADIKA DANILO (*sam sobom*).

Viđi vraga su sedam binjišah,
su dva mača a su dvije krune,
praunuka Turkova s koranom;
za njim jata prokletoga kota,
da opuste zemlju svukoliku,
kâ skakavac što polja opusti!
Francuskoga da ne bi brijega,
aravijsko more sve potopi!
San pakleni okruni Osmana,
darova mu lunu kâ jabuku.
Zloga gosta Evropi Orkana!
Vizantija sada nije drugo
no prćija mlade Teodore —
zvijezda je crne sudbe nad njom.

Paleolog poziva Murata,
da zakopa Grke sa Srbima.
Svoju misli Branković s Gertukom!
Muhamede, to je za Gertuku!
Sjem Azije, đe im je gnjijezdo,
vražje pleme pozoba narode;
dan i narod, kako ćuku tica:
Murat Srpsku, a Bajazit Bosnu,
Murat Epir, a Muhamed Grčku,
dva Selima Cipar i Afriku,
svaki nešto, ne ostade ništa!
Strašilo je slušat što se radi!
Malen svijet za adova žvala,
ni najest ga, kamoli prejesti!
Janko brani Vladislava mrtva;
što ga brani, kad ga ne odbrani?
Skenderbeg je srca Obilića,
al' umrije tužnim izgnanikom. —
A ja što ću, ali sa kime ću?
Malo rukah, malena i snaga,
jedna slamka među vihorove,
sirak tužni bez nigđe nikoga!
Moje pleme snom mrtvijem spava,
suza moja nema roditelja,
nada mnom je nebo zatvoreno,
ne prima mi ni plača ni molitve;
u ad mi se svijet pretvorio,
a svi ljudi pakleni duhovi.
Crni dane, a crna sudbino!
O kukavno Srpstvo ugašeno,

zla nadživjeh tvoja svakolika,
a s najgorim hoću da se borim!
Da, kad glavu razdrobiš tijelu,
u mučenju izdišu članovi.
Kugo ljudska, da te bog ubije!
Ali ti je malo po svijeta
te si svojom zlošću otrovala,
no si otrov adske svoje duše
i na ovaj kamen izbljuvala?
Mala li je žertva sva Srbija
od Dunava do mora sinjega?
Na tron sjediš nepravo uzeti,
ponosiš se skiptrom krvavijem;
huliš boga s svetoga oltara,
munar dubi na krst razdrobljeni!
Ali sjenku što mu šće trovati
te je u zbjeg sobom uniješe
među gore za vječnu utjehu
i za spomen roda junačkoga?
Već je u krv ona prekupata
stoput tvoju, a stotinu našu!
Viđi posla cara opakoga,
koga đavo o svačemu uči:
„Crnu Goru pokorit ne mogu
ma nikako da je sasvim moja;
s njima treba ovako raditi..." —
pa im poče demonski mesija
lažne vjere pružat poslastice.
Bog vas kleo, pogani izrodi,
što će turska vjera među nama?

Kuda ćete s kletvom prađedovskom?
Su čim ćete izać pred Miloša
i pred druge srpske vitezove,
koji žive doklen sunca grije? —
Kad današnju premislim vijeću,
raspale me užasa plamovi:
isklati se braća među sobom,
a krvnici jaki i opaki —
zatrijeće sjeme u odivu.
Grdni dane, da te bog ubije,
koji si me dao na svijetu!
Čas proklinjem lanski po sto putah
u koji me Turci ne smakoše,
da ne varam narodnje nadanje.

*Vuk Mićunović leži blizu vladike; pritajio
se kao da spava, ali sve čuje divno.*

VUK MIĆUNOVIĆ

Ne, vladiko, ako boga znadeš!
Kakva te je spopala nesreća
teno kukaš kao kukavica
i topiš se u srpske nesreće?
Da li ovo svetkovanje nije
na komu si sabrâ Crnogorce
da čistimo zemlju od nekrsti?
I bez toga ovo nam je slava,
na koju se vrsni momci kupe
sposobnosti svoje da kušaju,

silu mišce i brzinu nogah;
strijeljanjem da se nadmašaju
i sječenjem u opkladu plećah;
da slušaju božju leturđiju
i da vode kolo oko crkve;
da viteštvom prsa nabrecaju.
To je tamjan sveti junacima,
to gvozdeni srca u momcima! —
Turi takve razgovore crne:
ljudi trpe, a žene nariču!
Nema posla u plaha glavara!
Ti nijesi samorana glava:
vidiš ove pet stotin momčadi!
Koje čudo snage i lakoće
u njih danas ovđe vidijesmo?
Viđaše li kako strijeljaju?
Kâ se grâda vješto izigraše?
Kako hitro grabljahu kapice?
Tek što vučad za majkom pomile,
igrajuć se strašne zube svoje
već umiju pod grlom ostriti;
tek sokolu prvo perje nikne,
on ne može više mirovati,
nego svoje razmeće gnjijezdo:
grabeć slamku jednu i po jednu
s njom put neba bježi cijučući.
Sve je ovo nekakva nauka!
Bez momčadi ove te su ovđe
šest putah je jošt ov'liko doma;

njina sila, to je tvoja sila.
Dokle Turci sve njih savladaju,
mnoge će se bule ocrniti;
borbi našoj kraja biti neće
do istrage turske ali naše. —
Nâda nema pravo ni u koga
do u boga i u svoje ruke;
nadanje se naše zakopalo
na Kosovo u jednu grobnicu.
U dobru je lako dobro biti,
na muci se poznaju junaci!

Iznijeli su krste s Lovćena navrh crkvine, pa su po vrhu sjeli. Gađaju puškama i broje koliko puta koja odjekne.

SERDAR JANKO ĐURAŠKOVIĆ

Čudne puške, valja mušku glavu!
Svaka naša šest putah odjekne,
a džeferdar Tomanović-Vuka
devet putah jednako se čuje.

SERDAR RADONJA

Vidite li čudo, Crnogorci!
Prisukâ sam pedeset godinah,
na Lovćen sam vazda ljetovao,
izlazio na ovu vršinu;
sto putah sam gledao oblake
đe iz mora dođu na gomile

i prekrile svu ovu planinu,
otisni se tamo ali tamo
s sijevanjem i s velikom jekom
i s lomljavom strašnijeh gromovah;
sto putah sam ovđena sjedio
i grijâ se mirno sprama sunca,
a pod sobom munje i gromove
gledâ, slušâ đeno cijepaju;
gledâ jěkom grada stravičnoga
đe s' poda mnom jalove oblaci, —
al' ovoga čuda jošt ne viđeh!
Vidite li, ako boga znate,
koliko je mora i primorja,
ravne Bosne i Hercegovine,
Arbanije upravo do mora,
koliko je naše Gore Crne,
sve je oblak pritiskâ jednako,
svud se čuje jeka i grmljava,
svud ispod nas munje sijevaju,
a nas jedne sȁmo sunce grije;
i dosta je dobro primarilo
kâ je ovo brdo vazda hladno.

OBRAD

Viđeste li čudo i znamenje,
kâ se dvije munje prekrstiše?
Jedna sinu od Kòma k Lovćenu,
druga sinu od Skadra k Ostrogu,
krst od ognja živa napraviše.

Oh, divan li bješe pogledati!
u svijet ga jošt nije takvoga
ni ko čuo niti ko vidio.
Pomoz, bože, jadnijem Srbima,
i ovo je neko znamenije!

VUK RASLAPČEVIĆ

Na što mjeriš džeferdarom, Draško?

VOJVODA DRAŠKO

Hoćah ubit jednu kukavicu,
a žâ mi je fišek oštetiti.

VUK RASLAPČEVIĆ

Nemoj, Draško, tako ti života;
ne valja se biti kukavica!
Ali ne znaš, rđa te ne bila,
da su one šćeri Lazareve?

Stade velika graja navrh crkvine, na sjevernoj strani više jezera.

SERDAR VUKOTA

Što grajete, koji su vi jadi?
A evo ste gori nego đeca!

VUKOTA MRVALJEVIĆ

Doleće ni jato jarebicah
i svakoju živu uhvatismo;
stoga graja stade među nama.

SVI (*iz grla poviču*).

Puštite ih, amanat vi božji,
jere ih je nevolja nagnala,
a ne biste nijednu hvatali;
utekle su k vama da uteku,
a nijesu da ih pokoljete.

*Puštiše jarebice i vratiše se s krstima
otkuda su ih i digli.*

SKUPŠTINA O MALOME GOSPOĐINU DNE NA CETINJU, POD VIDOM DA MIRE NEKE GLAVE

Glavari su se makli na stranu, a narod kolo vodi.

KOLO

Bog se dragi na Srbe razljuti
za njihova smrtna sagrešenja.
Naši cari zakon pogaziše,
počeše se krvnički goniti,
jedan drugom vadit oči žive;
zabaciše vladu i državu,
za pravilo ludost izabraše.
Nevjerne im sluge postadoše

i carskom se krvlju okupaše.
Velikaši, proklete im duše,
na komate razdrobiše carstvo,
srpske sile grdno satriješe;
velikaši, trag im se utro,
raspre sjeme posijaše grko,
te s njim pleme srpsko otrovaše;
velikaši, grdne kukavice,
postadoše roda izdajice.
O prokleta kosovska večero,
kud ta sreća da grdne glavare
sve potrova i trag im utrije,
sâm da Miloš osta na srijedi
sa njegova oba pobratima,
te bi Srbin danas Srbom bio!
Brankoviću, pogano koljeno,
tako li se služi otačastvu,
tako li se cijeni poštenje? —
O Miloše, ko ti ne zavidi?
Ti si žertva blagorodnog čuvstva,
voinstveni genij svemogući,
grom stravični te krune razdraba!
Veličanstvo viteške ti duše
nadmašuje besmrtne podvige
divne Sparte i velikog Rima;
sva viteštva njina blistatelna
tvoja gorda mišca pomračuje.
Šta Leonid oće i Scevola
kad Obilić stane na poprište?
Ova mišca jednijem udarom

prestol sruši a tartar uzdrma.
Pade Miloš, čudo vitezovah,
žertvom na tron biča svijetskoga.
Gordo leži veliki vojvoda
pod ključevma krvi blagorodne,
kâ malopred što gordo iđaše,
strašnom mišlju prsih nadutijeh,
kroz divjačne tmuše azijatske,
gutajuć ih vatrenim očima;
kâ malopred što gordo iđaše
k svetom grobu besmrtnog života,
prezirući ljudsko ništavilo
i pletenje bezumne skupštine. —
Bog se dragi na Srbe razljuti:
sedmoglava iziđe aždaja
i satrije Srpstvo svekoliko,
klevetnike grdne i klevetu.
Na razvale carstva junačkoga
zasja sveta Miloševa pravda,
okruni se slava vjekovječno
Miloševa oba pobratima
i lijepe kite Jugovićah.
Srpskoj kapi svud ime pogibe;
postadoše lafi ratarima,
isturči se plahi i lakomi —
mlijeko ih srpsko razgubalo!
Što uteče ispod sablje turske,
što na vjeru pravu ne pohuli,
što se ne hće u lance vezati,
to se zbježa u ove planine

da ginemo i krv prolivamo,
da junački amanet čuvamo,
divno ime i svetu svobodu.
Sve su naše glave izabrane,
momci divni isto kâ zvijezde,
što su dosad ove gore dale, —
svi padali u krvave borbe,
pali za čest, ime i svobodu;
i naše su utirali suze
vješti zvuci divnijeh gusalah.
Proste naše žertve svekolike
kad je naša tvrda postojbina
sile turske nesita grobnica. —
Što je ovo evo neko doba
te su naše gore umučale,
ne ražležu ratnijem klicima?
Počinu ni rđa na oružje,
ostade ni zemlja bez glavarah;
nekršću se gore usmrđeše,
ujedno su ovce i kurjaci,
združio se Turčin s Crnogorcem,
odža riče na ravnom Cetinju;
smrad uhvati lafa u kljusama,
zatrije se ime crnogorsko,
ne ostade krsta od tri prsta!

VOJVODA MILIJA

Čujete li kolo kako pjeva,
kâ je ona pjesna izvedena?

Iz glave je cijela naroda.
I imaju razlog Crnogorci
na nas dići prokletu gomilu.
Ne smijemo ništa započeti
što bi narod k viteštvu zažeglo,
što bi svete kosti pradedovske
ogranulo, da u grob igraju;
a kâ guske sve nešto ćukamo.
Udri vraga, ne ostav' mu traga,
ali gubi obadva svijeta!

VOJVODA STANKO

Imaš razlog, vojvoda Milija!
I dabogda trag nam se zatro
kad pod ovom živjeli maramom!
Što će đavo u kršćenu zemlju?
Što gojimo zmiju u njedrima?
Kakva braća, ako boga znate,
kada gaze obraz crnogorski,
kada javno na krst časni pljuju!

SERDAR IVAN

Što bi ovo te jošt ne dođoše
Ozrinići, naši krajičnici?
A bez njih se poslovat ne može,
najedno se bolje razbiramo.

VOJVODA MILIJA

Otišli su na stanak Turcima
da nekakvo roblje mijenjaju;
ema sam im poslâ poklisara:
tek se vrate da ovamo idu,
da hitaju da ne dangubimo,
e ovome već trajanja nije.

Dođoše i Ozrinići.

VUK TOMANOVIĆ

Koje jade dangubite, ljudi?
Pogibosmo ovđe čekajući,
nestade ni arča u torbice,
a duhana nesta u toboce;
vrat iskrivih uz polje gledeći
da ako se niz njeg' pomolite.

SERDAR VUKOTA

Hitali smo da prije dođemo,
ma nikako ne mògasmo brže;
no Pecirep i stari Baleta
sakupili dvadest-trideset drugah,
pa u Dugu s četom zapadnuli,
dočekali karvan od Nikšićah,
pokolji se na drum sa Turcima,
četrnaest posjeci Turakah
i uzmi im sedamdeset konjah

i dvije-tri uhvati robinje.
Pa ni dođe knjiga od Nikšićah
i u knjizi deset pobratimstvah
na Poljane da se sastanemo,
da im damo roblje na otkupe;
pa smo bili na stanak Turcima,
stoga smo se malo zadocnili.

KNEZ BAJKO

Što zboraše Hamza i Nikšići?
Šćaše li im mila vjera biti
da izdižu mirno u Rudine?

SERDAR VUKOTA

To znaš, Bajko, bi im mila bila,
od dobra se jošt bježalo nije;
kâ ne žele Turci dobrovanje,
da u miru raširuju ovce?

KNEZ ROGAN

Riječanja bi li među vama
oko roblja al' oko drugoga?

KNEZ JANKO

Bi, Rogane, grdna razgovora!
Da li ne znaš Turke od Nikšićah?
U malu se dlaku ne isklasmo,

da pâs pasu dovijek kažuje
za krvavo naše sastavanje.

VUK MARKOVIĆ

A s česa se to malo svadiste?
Ko najprvi smuti na sastanku?

KNEZ JANKO

Kâ iz ruge to bi u početku:
Vuk Mandušić i Vuk Mićunović
započeše s Hamzom kapetanom
oko vjere nešto popovati.
Dok odjednom oni zagustiše,
uljegoše u krupne riječi;
reče Hamza Mićunović-Vuku:
„Ja sam bolji, čuj vlaše, od tebe,
bolja mi je vjera nego tvoja;
hata jašem, britku sablju pašem,
kapetan sam od careva grada,
u njem vladam od trista godinah,
đed mi ga je na sablju dobio
đe su carstvo sablje dijelile,
te mu tragu osta za gospodstvo."
Raspali se Mićunović Vuče,
pa se Hamzi poprimače blizu:
„Kakvo vlaše, krmska poturice!
Đe izdajnik bolji od viteza?
Kakvu sablju kažeš i Kosovo?
Da l' na njemu zajedno ne bjesmo,

pa je rvâ i tada i sada,
ti izdao prijed i poslijed,
obrljao obraz pred svijetom,
pohulio vjeru prađedovsku,
zarobio sebe u tuđina?
Što se hvališ gradom i gospodstvom —
svi gradovi što su do nas turski,
jesam li ih opsuo mramorjem,
te nijesu za ljude gradovi
no tavnice za nevoljne sužnje?
Bič sam božji ja spleten za tebe,
da se stavljaš što si uradio!"

MNOZINA

Mićunović i zbori i tvori!
Srpkinja ga jošt rađala nije
od Kosova, a ni prijed njega!

KNEZ JANKO

Jošt nijesam lijepo kazao
oko šta se na stanak poklasmo.
Utrkmismo Vuka s kapetanom. —
Znate našu momčad ozrinićku:
đe god dođu, svud zameću šalu.
Vrag donio na sastanak bješe
i staroga odžu Brunčevića,
i u njega nekakva šišana,
lakat u njoj bješe al' ne bješe;
objesio pušku o ramenu,

pa čepuka tamo i ovamo
po poljani kao svi ostali;
a odovud neki od našijeh
umimogred pokraj odže mini
i tisni mu od lakta rožinu
njegovojzi u grlić šišani.
Bože jedan! tri stotine drugah,
sve popada mrtvo od smijeha,
a odža se čudi šetajući
što se radi od toliko ljudih,
dokle viđe u pušku rožinu.
Tu se odmah pomutismo grdno,
pobismo se ognjem iz pušakah;
napravismo petnaest nosilah,
šest našijeh, devet njihovijeh.

BOGDAN ĐURAŠKOVIĆ

Vrijeme je da se okupimo,
vrijeme je da što uglavimo!
Naš se posâ svuda proćukao;
kad opaze braća nekršćena,
neće oni kâ mi rastezati.

SERDAR RADONJA

Svak je došâ ko je od potrebe,
al' nijesu pet Martinovićah,
i nije im bez neke nevolje,
a bez njih se nikako ne može.

KNEZ BAJKO

Hajte, ljudi, da što poslujemo
ali doma hajte da idemo,
da se s nama đeca ne rugaju;
pa s Turcima kako koji može,
a ja znadem, đe mi šake padne.
A evo smo kao oni miši
te za mačku zvono pripravljahu.

Dođoše Martinovići.

VUK MIĆUNOVIĆ

Evo i vi! Već se načekasmo!
A evo se, ljudi, okupljamo
kâ svatovi pjani što se priča.
To je vama doista sramota,
jer je vama ponajbliže doći!

TOMAŠ MARTINOVIĆ

Nemoj, Vuče i ostala braćo!
davno bismo na sastanak došli,
no se nešto ružno dogodilo,
te smo vi se malo odocnili.

KNEZ ROGAN

Je li vino goste posvadilo,
kâ je vama ovo krsno ime?

TOMAŠ MARTINOVIĆ

Nije svađe među goste bilo,
no ni Turci ženu ugrabiše.

VUK MIĆUNOVIĆ

Kakvu ženu, rugaš li se zbilja?
Danu pričaj što se dogodilo;
a ne boj se, svak će te slušati,
takve posle svako rado sluša.

TOMAŠ MARTINOVIĆ

Pričaću vi za toga đavola.
Mi igrasmo u kolu s gostima,
ređasmo se naokolo vinom,
dokle puška izviše Pišteta
puče jedna i čovjek pokliče:
„Ko je vitez, ko je dobri junak!
povede se roblje crnogorsko!"
Pokliči se onoj narugasmo:
kakvo roblje sasred Gore Crne?
Pjan, rekosmo, pa misli da poje.
Dokle dvije jedna iza druge:
cik! cik! opet, izdušit ne daše;
i klikuje čovjek kao prijed.
Ono nije bez nekakve muke!
Ugrabismo puške, potrčasmo.
Kad onamo, imaš što viđeti:
Mujo Alić, turski kavazbaša,

odveo nam Ružu Kasanovu
i utekâ s bratom najmlađijem.
Evo ima više no godina
otkâ nešto među sobom glave;
ali ko bi mogâ pomisliti
da će uzet Srpkinja Turčina?

KNEZ ROGAN

Ćud je ženska smiješna rabota!
Ne zna žena ko je kakve vjere;
stotinu će promijenit vjerah
da učini što joj srce žudi.

TOMAŠ MARTINOVIĆ

Nijesam vi sve jošt iskazao.
Kuku onoj duši zadovijek
te je Ruži narok izgubila,
te je dala Ružu za Kasana,
zatvorila vilu u tavnicu,
jer je Kasan bruka nevaljala.
I čujte me dobro, Crnogorci:
trag po tragu meni poginuo,
da je bješe Srbin ugrabio,
ako hoćah glave obratiti,
ta nevolja kako me boljela!
Ema kad čuh e ode u Turke,
već kud kamo ne bi razmicanja,
no za njima u potoč pođosmo.
Na Simunji stigosmo svatove,

te ubismo obadva Alića,
a kroz Turke nesrećnu nevjestu.
Tu smo grdno obraz ocrnili
i od boga dio izgubili.

KNEZ JANKO

Bože dragi, čudna dogovora!
Bi li ovo đeca poslovala?
Ne smijemo činit što činimo,
ne smijemo javit što je javno;
neke misli na vrat tovarimo
kâ da posla do mislit nemamo,
kâ da činit što treba ne znamo.
Kad sam gode mnogo razmišljavâ,
vazda mi se posâ povukovâ:
ko razgađa, u nas, ne pogađa.

Vladika Danilo viđe da su se okupili
svi, pa i on izide među njih.

VUK MIĆUNOVIĆ

Ne drži nas ovako, vladiko,
no otršaj ovoliko ljudstva!
Svako gleda što će čut od tebe,
a ti si se nešto zamrsio:
nit' što zboriš niti nas otršaš,
u obraz si kao zemlja došâ,
sam se šetaš poljem bez nikoga,
nit' što jedeš niti zaspat možeš;

krupno nešto učiš u pameti,
— zbili ti se snovi na Turčina! —
a ja zebem od mnogo mišljenja.

VLADIKA DANILO

Slušaj, Vuče i ostala braćo!
ništa mi se nemojte čuditi
što me crne rastezaju misli,
što mi prsa kipe sa užasom.
Ko na brdo, ak' i mâlô, stoji
više vidi no onaj pod brdom —
ja poviše nešto od vas vidim,
to je sreća dala al' nesreća!
Ne bojim se od vražjega kota,
neka ga je kâ na gori lista,
no se bojim od zla domaćega.
Bijesna se bratstva isturčila;
tek domaće napadnemo Turke,
svoj svojega nikad pùštat neće,
razluči se zemlja na plemena,
krvava se isklati plemena,
vrag đavolu doći u svatove
te svijeću srpsku ugasiti!
Zlo se trpi od straha gorega!
Ko se topi hvata se za pjenu;
nad glavom se nadodaju ruke!

KNEZ RADE, BRAT VLADIČIN

Što se mrči kada kovat nećeš?

Što zbor kupiš kad zborit ne smiješ?
Priđe si im s koca utekao,
dabogda im skapâ na čengele!
Žališ nešto, a ne znaš što žališ;
s Turcima ratiš, a Turke svojakaš,
domaćima tobož da s' umiliš;
a jednako, nemoj se varati,
kako bi im zapâ da te mogu,
glavu bi ti onaj čas posjekli
al' ti živu ruke savezali,
da te muče, da srce naslade.
Vrana vrani oči ne izvadi;
brat je Turčin svud jedan drugome.
Nego udri dokle mahat možeš,
a ne žali ništa na svijetu!
Sve je pošlo đavoljijem tragom,
zaudara zemlja Muhamedom.

VOJVODA BATRIĆ (*knezu Radu*).

Imaš razlog, ali ne toliko.
To se moglo sve ljepše kazati,
da mu tako rane ne vrijeđaš
i grkom ga ne otruješ tugom.

Svi muče, niko ni u nos.
Noć je mjesečna; sjede oko ognjevah
i kolo na veljem guvnu poje.

KOLO

Čašu meda jošt niko ne popi,
što je čašom žuči ne zagrči;
čaša žuči ište čašu meda,
smiješane najlakše se piju.
Beg Ivan-beg, junačko koljeno,
boraše se kao laf s Turcima
na sve strane u gore krvave.
Polu zemlje Turci mu uzeše,
no pošto je svu obliše krvlju
i pošto mu brata izgubiše,
zmaja ljuta vojvodu Uroša,
na širokom polju Ćemovskome.
Žali Ivan brata jedinoga:
žalije mu vojvode Uroša
no obadva da izgubi sina,
žalije mu vojvode Uroša
no svu zemlju što je izgubio,
žalije mu vojvode Uroša
nego oči da je izgubio;
dâ bi oči za brata Uroša! —
Junaku se češće putah hoće
vedro nebo nasmijat grohotom:
Ivan čašom nazdravi osvete,
svetim pićem bogom zakršćenim.
B'jele vlase niz pleći prosuo,
b'jela brada vije do pojasa,
ruke stare, u njih mač i koplje,

krvave mu ruke i oružje,
koracima broji tursko trupje,
skače starac kako hitro momče.
Bože dragi, da ga san ne vara
tê ovako starac uzletio?
Sreća se je stara probudila:
u Karuče, na kraju Crmnice,
od petnaest hiljadah Turakah
ne puštiše živa nijednoga;
i danas je pobjeno mramorje
divne slave Crnojević-kneza.
Bog da prosti Uroševu dušu,
krasne žertve što joj učiniše!

Polijegaše.

VUK MIĆUNOVIĆ

Bez muke se pjesna ne ispoja,
bez muke se sablja ne sakova!
Junaštvo je car zla svakojega —
a i piće najslađe duševno,
kojijem se pjane pokoljenja.
Blago tome ko dovijek živi,
imao se rašta i roditi!
Vječna zublja vječne pomrčine
nit' dogori niti svjetlost gubi.

VLADIKA DANILO (*među svima kao da je sam*).

Đe je zrno klicu zametnulo,
onde neka i plodom počine;
je li instinkt al' duhovni vođa,
ovde ljudsko zapire poznanje!
Vuk na ovcu svoje pravo ima
kâ tirjanin na slaba čovjeka;
al' tirjanstvu stati nogom za vrat,
dovesti ga k poznaniju prava,
to je ljudska dužnost najsvetija!
Ako sablju poljubiš krvavu
i zaploviš u noćne valove,
sljeduje ti prahu svetkovanje.
Žrec Evrope s svetoga amvona
huli, pljuje na oltar Azije;
lomi teški topuz azijatski
svete kule pod sjen raspjatija.
Krv pravedna dimi na oltare,
ćivoti se u prah razvijaše.
Zemlja stenje, a nebesa ćute!
Luna i krst, dva strašna simvola, —
njihovo je na grobnice carstvo;
sljedovat im rijekom krvavom
u lađici grdna stradanija,
to je biti jedno ili drugo.
Ali hula na sveštenī ćivot
koji ga je mlekom odránio —
to mi prsa u tartar pretvara.
Čvor ne treba na prȁvu mladiku,
što će luna na krst stradanija,

što l' bijela suncu na zjenicu? —
Vjero prava, kukavna siroto!
Strašno pleme, doklen ćeš spavati?
Neki jedan, to je kâ nijedan,
nâko da je više mučenija.
Vražja sila odsvud oklopila;
da je igđe brata u svijetu
da požali, kâ da bi pomogâ.
Pomrčina nada mnom caruje,
mjesec mi je sunce zastupio.
Uh, što mislim, kud sam zaplivao?
Mlado žito, navijaj klasove,
pređe roka došla ti je žnjetva!
Divne žertve vidim na gomile
pred oltarom crkve i plemena,
čujem lelek đe gore prolama.
Treba služit česti i imenu!
Neka bude borba neprestana,
neka bude što biti ne može,
nek ad proždre, pokosi satana!
Na groblju će iznići cvijeće
za daleko neko pokoljenje!

SERDAR VUKOTA

Bog sa nama i anđeli božji!
A evo si udrio, vladiko,
u nekakve smućene vjetrove,
kâ o marču kad udri vještica
al' u jesen mutnu vjedogonja.

Vladika se trza kao iza sna.

VLADIKA DANILO

Udri za krst, za obraz junački,
ko gođ paše svijetlo oružje,
ko gođ čuje srce u prsima:
hulitelje imena Hristova
da krstimo vodom ali krvlju!
Trijebimo gubu iz torine!
Nek propoje pjesna od užasa,
oltar prâvi na kamen krvavi!

SVI GLAVARI (*skoče na noge s velikom grajom*).

Tako, već nikako!

VLADIKA DANILO

Ne... ne... sjed'te da i jošt zborimo!
Ja bih, braćo, s opšteg dogovora
da glavare braće isturčene
dozovemo na opštemu skupu,
da im damo vjeru do rastanka,
eja bi se kako obratili
i krvavi plamen ugasili.

SERDAR JANKO

Hajd', vladiko, i to obidimo,
ma zaludu, nà ti božju vjeru!
Što se crnim zadoji đavolom,

obešta se njemu dovijeka.
Oni će nam i bez vjere doći,
među nama stati nadébljati —
kakve su ti one poglavice,
nazivlju se carevi sinovi!

*Otpraviše tri-četiri druga da pozovu
na skup turske poglavice.*

KOLO (*poje*).

Ljuta kletva pade na izroda!
Prokle mati od nevolje sina,
te knjeginja Ivanbegovica,
prokle Mara svog sina Stanišu,
progrize joj sisu u posanje,
rajsko piće prosu u njedrima.
Stîžê đecu roditeljska kletva!
Staniša je obraz ocrnio,
pohulio na vjeru Hristovu,
na junačko pleme Crnojevo,
obukâ se u vjeru krvničku
i bratske je krvi ožednio.
Grdne treske povrh Lješkopolja:
dva se brata bore oko vjere,
a oko njih hiljade ratnikah!
Stîže sina materina kletva,
pogibe mu vojska svakolika;
bježi Stanko uprav Bajazitu,
da s njim jede madžarske nosove.

O gnjijezdo junačke svobode,
često li te bog nàglêdâ okom,
mnogo li si muke prenijelo,
mnoge li te čekaju pobjede!

*Dođoše poglavice turske, okolo sedam-osam,
i posjedaše s Crnogorcima. Svi muče
i gledaju preda se.*

KNEZ JANKO

Koje ste se jade skamenili?
Što razgovor kakav ne počnete,
no pospaste i pozamrcaste?

KADIJA HADŽI-ALI MEDOVIĆ

Baš aferim, kneže ozrinićki!
Ja ću počet, kada drugi neće.
Stotina se skupilo glavarah,
nas Turakah i Crnogoracah;
ja znam divno što smo okupljeni:
da mirimo krvi međusobne.
Nego hajte, od zemlje glavari,
među sobom da način vidimo
i smirimo dvije porodice,
Velestovce i Turke ćeklićke,
pa Bajice i bratstvo Aliće,
da radimo da ih pomirimo
al' od mira vjeru uhvatimo.
Ja ću prvi poći pred kumama,

ja za glave bratsko mito dati.
Tek smirimo, dinar prekinimo
i krvnice puške objesimo!

KNEZ ROGAN

Efendija, ti ne ugoneta
oko šta se ovo okupilo,
no si s kraja počeo tanjega.
A mudar si i književnik, kažu,
učio si knjigu u Carigrad,
na nekakvu ćabu pritvrdio;
ali ti se jošt hoće pameti —
poteža je ova naša škola.

Muči opet svak i gleda preda se.

VLADIKA DANILO

Bože dragi, koji sve upravljaš,
koji sjediš na prestol nebesni
te mogućim zažižeš pogledom
sva svijetla kola u prostoru;
ti, koji si razvijâ prašinu
ispod tvoga trona svijetloga
i nazvâ je tvojim mirovima,
te si prašak svaki oživio,
nasijâ ga umnijem sjemenom;
ti, te knjigu držiš mirobitnu,
u koju su sudbe upisate
mirovima i umnim tvarima,

koji si se milosno sklonio
djejatelne oživit členove
malom mravu kâ gordome lafu, —
provedri mi više Gore Crne,
uklon' od nje munje i gromove
i smućeni oblak gradonosni!
Da, nijesu ni krivi toliko;
premami ih nevjera na vjeru,
ulovi ih u mrežu đavolju.
Što je čovjek? Kâ slabo živinče!

(*Pogledaju se Turci ispod očih.*)

Med za usta i hladna prionja,
a kamoli mlada i vatrena!
Slatka mama, no bi na udicu:
„Pij šerbeta iz čaše svečeve,
al' sjekiru čekaj među uši!"
Strah životu kalja obraz često;
slabostima smo zemlji privezani,
ništava je, nego tvrda veza.
Ali tice te su najslabije
lovi svjetlost lisičijeh očih,
nego orla krijući gledaju.
Za vrsnijem bratom ali sinom
pusti glasi milost utrostruče;
nađeno je draže negubljena;
iza tuče vedrije je nebo,
iza tuge bistrija je duša,
iza plača veselije poješ.

Oh, da mi je očima viđeti
Crna Gora izgub da namiri!
Tad bi mi se upravo činilo
da mi sv'jetli kruna Lazareva,
ê sletio Miloš među Srbe;
duša bi mi tada mirna bila
kako mirno jutro u proljeće,
kad vjetrovi i mutni oblaci
drijemaju u morskoj tavnici.

Turci se mrko pogleduju.

SKENDER-AGA

Ja se čudim, lijepe mi vjere,
kakav davaš prigovor, vladiko!
Vidije li suda od dva pića,
ali kape za po dvije glave?
Manji potok u viši uvire,
kod uvora svoje ime gubi,
a na brijeg morski obojica.
Oli čele hvatat u kapicu
da uljanik u gori zametneš?
Niko meda otle jesti neće!
Goniš kamen badava uz goru!
Staro drvo slomi, ne ispravi!
I zvjerad su isto kao ljudi,
rod svakoji svoju vjeru ima;
za kokošku i orla ne pitam,
no što strepi laf od guske, kaži?

KNEZ ROGAN

Ja se ovoj i čudim raboti:
pop grešnika za grehove pita,
da ga đavo nije prevlastio,
a đavola jošt nijesam gledâ
da se popu ispovijedao!

KNEZ JANKO

Kad me žena pita đe sam bio,
kazaću joj da sam so sijao;
kuku njojzi ako ne vjerova!

KNEZ BAJKO

Sad mi pade na um ona priča
kad onoga iz jame vadiše:
pô mu lica crno, pô bijelo.

OBRAD

Uleće mi jedna muha u nos,
šteta će me nečesova naći.

VUK RASLAPČEVIĆ

Kako su me dlani zasvrbili,
da se hoće ko đe posvaditi,
bismo globe golemo uzeli.

VOJVODA MILIJA

Teške puške, igđe li ikoga!
Kâ je nosiš, bog-ti-bratska, Stanko?

VOJVODA STANKO

Teke, brate, što se derem njome,
evo neko doba ne valja mi.

SERDAR JANKO

Kako sam se sinoć ismijao!
U kuću mi odnekud dođoše
dva momčeta te krasna bjelička;
počeše se šalit kâ umiju:
kako su im neki od starijih
ogradili negđe vodenicu
đe niti je splake ni potoka;
kad prigradi, spazi se za vodu!

VUK MANDUŠIĆ

Bješe mi se snaha pomamila,
bez putah je ništa održati!
Otvara' joj knjige na proroke,
neki kaže: „Na sugreb je stala",
neki kaže: „Splele je mađije".
Svud je vodi po manastirima
i čita' joj masla i bdenija;
kumi vraga u sve manastire

da ostavi snahu Anđeliju,
kumi vraga — ništa ne pomaže!
Te ja uzmi trostruku kandžiju,
uženi joj u meso košulju:
vrag uteče nekud bez obzira,
a ozdravi snaha Anđelija.

VOJVODA BATRIĆ

Turci braćo, — u kam udarilo! —
što ćemo vi kriti u kučine?
Zemlja mala, odsvud stijesnjena,
s mukom jedan u njoj ostat može
kakve sile put nje zijevaju,
za dvostrukost ni mislit ne treba!
No primajte vjeru prađedovsku,
da branimo obraz otačastva.
Ćud lisičja ne treba kurjaku!
Što jastrebu oće naočali?
No lomite munar i džamiju,
pa badnjake srpske nalagajte
i šarajte uskrsova jaja,
časne dvoje postah da postite;
za ostalo kako vam je drago!
Ne šćeste li poslušat Batrića,
kunem vi se vjerom Obilića
i oružjem, mojijem uzdanjem,
u krv će nam vjere zaplivati,
biće bolja koja ne potone!

Ne složi se Bajram sa Božićem!
Je l' ovako, braćo Crnogorci?

SVI (*iz glasa*).

Tako, već nikako!

MUSTAJ-KADIJA

Što zborite? Jeste li pri sebi?
Trn u zdravu nogu zabadate.
Kakva jaja, poste i badnjake
vi na pravu vjeru tovarite?
Rad noći se zublje uvijaju,
ali što će u sunčane zrake?
Alah, more, mudra razgovora!
Krst i nekrst sve im je na usta;
snijevaju što biti ne može.
Bogu šućur, dvjesti su godinah
otkâ paši vjeru prihvatismo,
izmećari dinu postadosmo.
Ćabo sveta, nema u nas hile!
Što će slabo raskršće lipovo
pred ostrotom vitoga čelika?
Svetac pravi mahne li topuzom,
od udara zaigra mu zemlja
kako prazna povrh vode tikva.
Malo ljudstvo, što si zasl'jepilo?
Ne poznaješ čistog raja slasti,
a boriš se s bogom i s ljudima,
bez nadanja živiš i umireš, —

krstu služiš, a Milošem živiš!
Krst je riječ jedna suhoparna,
Miloš baca u nesvijest ljude
al' u pjanstvo neko prećerano.
Više valja dan klanjanja jedan
no krštenja četiri godine. —
O hurije očih plavetnijeh
te mislite sa mnom vjekovati,
đê ta sjenka, što je dići može,
da mi stane pred vašim očima:
pred očima koje strijeljaju,
koje kamen mogu rastopiti,
a kamoli slaboga čovjeka,
rođenoga da se od njih topi;
pred očima vode prebistrene,
đe u dvije sveštene kapljice
predjel širi vidiš božje sile
no s planine u proljetnje jutro
što ga vidiš nad bistrom pučinom!
O Stambole, zemaljsko veselje,
kupo meda, goro od šećera,
banjo slatka ljudskoga života,
đe se vile u šerbet kupaju;
o Stambole, svečeva palato,
istočniče sile i svetinje,
bog iz tebe samo begeniše
črez proroka sa zemljom vladati;
što će mene od tebe odbiti?
Sto putah sam u mojoj mladosti
iz mindera u zoru hitao

na tvoj potok bistri i čudesni,
nad kojijem ogleduješ lice
ljepše sunca, zore i mjeseca.
U nebu sam, u moru, gledao
tvoje kule i ostre munare,
s kojih su se k nebu podizali
u svanuće, u divnu tišinu,
hiljadama sveštenih glasovi,
glaseć nebu ime svemoguće,
zemlji ime strašnoga proroka.
Kakva vjera da se s ovom mjeri,
kakav oltar bliže neba stoji?

KNEZ JANKO

Efendija, ovako ti hvala! (*Podiže kapu*).
Lijepu ni iščita prediku:
što tražili, ono smo i našli!

VUK MIĆUNOVIĆ

Krst i topuz neka se udare, —
kome prsne čelo, kuku njemu!
Jaje zdravo dobije slomljeno!
Što uzmognem, čućete hoću li.

KNEZ JANKO

Ema neću, božja vi je vjera,
više slušat odže u Ćekliće
đe guguće svrh one stugline

kâ jejina svrh trule bukvine!
Koga zove uz one glavice
svako jutro kako zora sine?
Ja mnim ga je doista dozvao!
Jer mi nije lakši, što ću kriti,
nego da mi na vrh glave stoji.

KNEZ ROGAN

Lijevo mi uho sad zapoja,
ja se nadam veselome glasu.

VUK MANDUŠIĆ

Danu, Bajko, puhni mi u oko,
jere mi se grdno natrunilo.

SERDAR JANKO

Ukrešite koji da pušimo;
to je duša vjeri prorokovoj,
neće biti žao efendiji.

TOMAŠ MARTINOVIĆ

Gavranovi graču i biju se,
cijènê će brzo mesa biti!

VUKOTA MRVALJEVIĆ

Ne prelaz' mi preko puške, Bajko,
no se natrag preko nje povrati!

VUK MIĆUNOVIĆ (*šapti na uho serdaru Janku*).

Ovaj drži za rep adži-Adža,
i puštit ga zadovijek neće,
dok pogine kučka ali žrvni.

SKENDER-AGA (*vidi Vuka đe šapti; nije mu milo*).

Što je ovo, braćo Crnogorci?
Ko je ovaj plamen raspalio?
Otkud dođe ta nesrećna misâ
o prevjeri našoj da se zbori?
Nijesmo li braća i bez toga,
u bojeve jesmo li zajedno?
Zlo i dobro bratski dijelimo.
Kosa mlada na groblje junačko
siplje li se bulah kâ Srpkinjah?

SERDAR VUKOTA

O prokleta zemljo, propala se!
Ime ti je strašno i opako.
Ili imam mladoga viteza,
ugrabiš ga u prvoj mladosti;
ili imah čojka za čovjestvo,
svakoga mi uze priđe roka;
ili imah kitnoga vijenca
koji kruni čelo nevjestama,
požnješ mi ga u cv'jetu mladosti.

U krv si se meni pretvorila!
Istina je, ovo nije drugo
do gomile kostih i mramorah
na kojima mladež samovoljna
pokazuje toržestvo užasa.
O Kosovo, grdno sudilište,
nasred tebe Sodom zapušio!

VUK MIĆUNOVIĆ

Pȉ, serdare, grdna razgovora!
Što su momci prsih vatrenijeh,
u kojima srca pretucaju
krv uždenu plamenom gordošću, —
što su oni? Žertve blagorodne
da prelaze s bojnijeh poljanah
u veselo carstvo poezije,
kako rosne svijetle kapljice
uz vesele zrake na nebesa.
Kud će više bruke od starosti!
Noge klonu, a oči izdaju,
uzbluti se mozak u tikvini,
pođetinji čelo namršteno,
grdne jame nagrdile lice,
mutne oči utekle u glavu,
smrt se gadno ispod čela smije
kako žaba ispod svoje kore.
Što spominješ Kosovo, Miloša,
svi smo na njem sreću izgubili;
al' su mišca ime crnogorsko

uskrsnuli s kosovske grobnice
nad oblakom, u viteško carstvo,
đe Obilić nad sjenima vlada.

SERDAR IVAN PETROVIĆ

S Muhamedom i glupost u glavu!
Těško, Turci, vašijem dušama,
što obliste zemlju njenom krvlju!
Malene su jasli za dva hata.

KAVAZBAŠA FERAT ZAČIR

Jok, serdare, ne ugađeš putom!
Vjera turska podnijet ne može
da se haba dokle glava skoči.
Iako je zemlja pouzana,
dvije vjere mogu se složiti,
kâ u sahan što se čorbe slažu.
Mi živimo kao dosad bratski,
pa ljubovi više ne trebuje.

KNEZ JANKO

Bismo, Turci, ali se ne može;
smiješna je ova naša ljubav:
grdno nam se oči susretaju,
ne mogu se bratski pogledati,
no krvnički i nekako divlje;
oči zbore što im veli srce.

VUK MANDUŠIĆ

Glete, ljudi, lijepa saruka!
Đe ga kupi, aga, amana ti?

ARSLAN-AGA MUHADINOVIĆ

Nijesam ga, Vuče, kupovao,
no mi ga je vezir poklonio
kad sam ljetos u Travnik hodio.

VUK MANDUŠIĆ

Ljubovi ti, nabavi mi takvi;
daću vola za njega iz jarma.

ARSLAN-AGA MUHADINOVIĆ

Ja ću ti ga pokloniti, Vuče,
tek ako ćeš da se okumimo;
milo mi je s takvijem junakom.

VUK MANDUŠIĆ

Nema kumstva bez krštena kumstva,
ako hoćeš i četvorostruko.

ARSLAN-AGA MUHADINOVIĆ

Šišano je isto kâ kršćeno.

VUK MANDUŠIĆ

Kum ću biti, a prikumak nigda!

Velika graja i pravdanje među Turcima i Crnogorcima, nego mudriji razdvajaju da se ne pokolju. Sve umuča, niko ništa.

KOLO

Tri serdara i dva vojevode
sa njihovo trista sokolovah,
soko Bajo su tridest zmajevah
mrijet neće dok svijeta traje:
dočekaše Šenđera vezira
uvrh ravne gore Vrtijeljke
i klaše se ljetnji dan do podne.
Ne kće Srbin izdati Srbina
da ga svijet mori prijekorom,
trag da mu se po prstu kažuje
kâ nevjernoj kući Brankovića,
no svi pali jedan kod drugoga,
pjevajući i Turke bijući.
A trojica samo pretekoše
pod gomile mrtvijeh Turakah —
ranjene ih Turci pregazili.
Divne smrti, prosto im mlijeko!
Junacima bog će učiniti
spomen duši a prekadu grobu!
Tri hiljade momka jednakoga
na Šenđera udriše vezira

priđe zore na polje krstačko.
Pregaocu bog daje mahove:
raskrhaše silu Šenđerovu!
Blago tome ko se tu nagnao,
već ga rane ne bole kosovske,
već Turčina ni za što ne krivi.
Vitezovi Srbi vrtijeljski,
luča će se vazda prizirati
na grobnicu vašu osveštenu!

*Dohode deset kavazah iz Podgorice od vezira
novoga koji oblazi carstvo i daju vladici
Danilu pismo. Vladika ga čita zamišljen.*

VOJVODA BATRIĆ

Kaž', vladiko, što ti vezir piše;
već nećemo da se krije ništa,
svi ako će okrilatit Turci!

VLADIKA (*čita pismo od riječi do riječi*).

„Selim vezir, rob roba svečeva,
sluga brata sunca svijetskoga,
a poslanik od sve zemlje cara.
Na znanje vi, glavari s vladikom:
Car od carah mene je spremio
da oblazim zemlju svukoliku,
da uredbu vidim kako stoji:
da se vuci ne prejedu mesa;
da ovčica koja ne zanese

svoje runo u grm pokraj puta;
da podstrižem što je predugačko,
da odlijem đe je prepunano;
da pregledam u mladeži zube
da se ruža u trn ne izgubi,
da ne gine biser u bunište;
i da raji uzdu popritegnem,
e je raja kâ ostala marva.
Pa sam čuo i za vaše gore;
porodica sveta prorokova
zna junaštvu pravednu cijenu.
Lažu ljudi što za lafa kažu
da se miša i najmanje boji.
Hajte k meni pod mojim šatorom,
ti, vladiko, i glavni serdari,
samo da ste caru na bjeljegu,
za primiti od mene darove,
pa živite kao dosle što ste.
Jaki zubi i tvrd orah slome;
dobra sablja topuz iza vrata,
a kamoli glavu od kupusa.
Šta bi bilo odučiti trske
da ne čine poklon pred orkanom?
Ko potoke može ustaviti
da k sinjemu moru ne hitaju?
Ko izide ispod divne sjenke
prorokova strašnoga barjaka,
sunce će ga spržit kako munja.
Pesnicom se nâda ne rasteže!
Miš u tikvi — što je nego sužanj?

Uzdu glodat — da se lome zubi!
Nebo nema bez groma cijenu;
u fukare oči od splačine.
Pučina je stoka jedna grdna —
dobre duše kad joj rebra puču.
Teško zemlji kuda prođe vojska!"

KNEZ JANKO

Trgovac ti laže sa smijehom,
žena laže suze prosipljući,
niko krupno kâ Turčin ne laže.

SERDAR JANKO

Ne držimo ove poklisare,
nego da se brže otršaju
da im paša štogod ne dvoumi;
nek zna prijed, pa čini što može.

VUK MIĆUNOVIĆ

Otpiši mu kako znaš, vladiko,
i čuvaj mu obraz kâ on tebi!

VLADIKA DANILO (*otpišuje*).

„Od vladike i svijeh glavarah
Selim-paši otpozdrav na pismo.
Tvrd je orah voćka čudnovata —
ne slomi ga, al' zube polomi!
Nije vino pošto priđe bješe,

nije svijet ono što mišljaste;
barjaktaru darivat Evropu —
grehota je o tom i misliti!
Velja kruška u grlo zapadne.
Krv je ljudska rána naopaka,
na nos vam je počela skakati;
prepuniste mješinu grijeha!
Puče kolan svečevoj kobili;
Leopoldov hrabri vojevoda,
Sobijevski, vojvoda savojski
salomiše demonu rogove.
U ćitapu ne piše jednako
za dva brata jednoimenjaka;
pred Bečom je Burak posrnuo,
obrnuše kola niza stranu.
Ne trebuje carstvo neljudima,
nâko da se pred svijetom ruže.
Divlju pamet a ćud otrovanu
divlji vepar ima, a ne čovjek.
Kome zakon leži u topuzu,
tragovi mu smrde nečovjestvom.
Ja se sjećam što si reći htio.
„Tragovi su mnogi do pećine" —
za gorske se goste ne pripravlja';
u njih sada druge misli nema
do što òstrê zube za susjede,
da čuvaju stado od zvjeradi.
Tijesna su vrata uljaniku;
za međeda skovana sjekira.

Jošt imate zemlje i ovacah,
pa harajte i kože gulite.
U vas stenje na svakoju stranu,
zlo pod gorim, kao dobro pod zlom.
Spuštavah se ja na vaše uže,
umalo se uže ne pretrže;
otada smo viši prijatelji,
u glavu mi pamet ućeraste."

*Svrši pismo i čita naglas pred svijema
(Crnogorcima i Turcima).*

KNEZ ROGAN

Eto pismo, pa sad put za uši;
dajte mu ga da se razgovori!

Poslanici vezirski, neveseli, odlaze.

VUK MIĆUNOVIĆ

Drž', ridžale, uzmi ovaj fišek,
ponesi ga na poklon veziru
i kaži mu da je to cijena
koje drago glave crnogorske.

RIDŽAL OSMAN

Kakav fišek na poklon veziru,
samovoljni kavurski hajduče!
Ne zbori se tako s vezirima,

no đe dođu donose groznicu,
suze skaču same na očima
i zahuči zemlja od kukanja!

VUK MIĆUNOVIĆ

Da nijesi u kuću došao,
znao bih ti odgovorit divno.
Ema hoću nešto svakojako:
zar obadva nijesmo hajduci?
On je hajduk roblja svezanoga,
on je bolji e više ugrabi;
ja sam hajduk te gonim hajduke,
glasnija je moja hajdučina.
Ja ne pržim zemlje i narode,
ama mnogi grdni mučitelji
na nos su se preda mnom pobili;
mnoge bule vaše kukajući
za mnom crna kluvka razmotale.

Odoše kavazi vezirski. —
Biju se dva kokota kod skupštine.

KNEZ ROGAN

Vidite li ova dva đavola!
Oko šta se oni dva poklaše,
jedan drugom oči iskopaše?
Za njima su tridest kokošakah,
mogu živjet kao dva sultana

da im dádê nekakva nesreća.
I što mi je do njihove svađe —
a volî bih da nadjača manji;
a ti, aga, brade ti svečeve?

SKENDER-AGA

A ja volî da nadjača viši.
Rašta ga je bog višega dao:
kad je viši, neka je i jači!

*Noć je mjesečna; sjede oko ognjevah
i kolo na velje guvno poje.*

KOLO

Novi Grade, sjediš nakraj mora
i valove brojiš niz pučinu,
kako starac na kamen sjedeći
što nabraje svoje brojanice.
Divna sanka što si onda snio!
Mlečići te morem poduzeše,
Crnogorci gorom opasaše,
sastaše se u tvoje zidove,
okropiše krvlju i vodicom
te otada ne smrdiš nekršću.
Topal-paša su dvadest hiljadah
da pomože Novome hitaše;
sretoše ga mladi Crnogorci
na Kameno, polje pouzano.

Turskoj kapi tu ime poginu,
sva utonu u jednu grobnicu;
mož' i danas viđet košturnicu.

Polijegaše.

VUK MIĆUNOVIĆ (*leži zajedno sa serdarom Jankom*).

Kud, serdare, hoćeš s tom pasinom?

SERDAR JANKO

Da je metnem odzgor svrh haljinah.

VUK MIĆUNOVIĆ

Koje će ti jade svrh haljinah?

SERDAR JANKO

Pritiska me sve nesrećna mòra;
kako zaspim, ne da mi krknuti.

VUK MIĆUNOVIĆ

Kakva mora i kakva zla sreća!
Tu niti je more ni vještice,
no si eto kâ čabar debeo,
pa te salo kad ležeš zaduši;
mene nikad još pritisla nije.

SERDAR JANKO

A meni je ona dodijala;
svagda nosim rena uza sebe
i trnovu draču u optoku;
ali od nje ništa bolje nije
no pâs pružit odzgor svrh haljinah.

KNEZ JANKO (*leži s knezom Roganom*).

Kako smrde ove poturice!
Opažaš li ti štogod, Rogane?

KNEZ ROGAN

Kâ u zli čas, kneže, ne opažam!
Kad blizu njih sjedim u skupštinu,
ja nos držim svagda u rukama;
da ne držim, ja bih se izbljuvao.
Pa sam s toga na kraj i utekâ,
e blizu njih ne bih osvanuo.
Evo vidiš kako smo daleko,
i opeta ona teška vonja
od nekrsti ovde zaudara.

*Mrtvo doba noći, sve spava, neko zbori
kroza san; digli se knez Janko i knez
Rogan da vide ko je, kad onamo, al'
Vuk Mandušić govori kao na javi.*

KNEZ ROGAN

Koji su ti jadi, Mandušiću,
te se svu noć s nekim razgovaraš?

KNEZ JANKO

Ne, Rogane, nemoj ga buditi,
e on u san kâ na javi zbori;
e ćemo ga štogod raspitati,
da se barem dobro ismijemo.

KNEZ JANKO

Danu, Vuče, što ono zboraše
za našega bana Milonjića?
Je li čegrst kakva među vama?

VUK MANDUŠIĆ

Nije, brate, ništa među nama,
no mu nešto oko snahe zborim.

KNEZ JANKO

A što je to, kaži mi natajno!

VUK MANDUŠIĆ

Ljepša mu je od vile bijele,
nema puno osamnaest ljetah;
živo mi je srce ponijela!

KNEZ JANKO

Rašta ti je srce ponijela?

VUK MANDUŠIĆ

Ima rašta, rugaš li se zbilja?
Rašta drúgê nema na svijetu!
Da nijesam s banom Milonjićem
devetorostruko kumovao,
bih mu mladu snahu ugrabio,
pa s njom bježâ glavom po svijetu.

KNEZ JANKO

Ne đetinji, kukala ti majka!
zbilja ti je pamet svu popila.

VUK MANDUŠIĆ

Al' je đavo, ali su mađije,
ali nešto teže od oboje:
kad je viđu da se smije mlada,
svijet mi se oko glave vrti.
Pa sve mògah s jadom pregoreti,
no me đavo jednu večer nagna,
u kolibu noćih Milonjića.
Kad pred zoru, i noć je mjesečna,
vatra gori nasred sjenokosa,
a ona ti odnekuda dođe,
ukraj vatre sjede da se grije.

Čuje da svak spava u kolibe;
tada ona vijenac rasplete,
pade kosa do niže pojasa;
poče kosu niz prsa češljati,
a tankijem glasom naricati
kako slavlja sa dubove grane.
Tuži mlada đevera Andriju,
mila sina Milonjića bana
koji mu je lanih poginuo
od Turakah u Dugu krvavu;
pa se snahi ne dao ostrići:
žalije mu snahin v'jenac bilo
nego glavu svog sina Andrije.
Tuži mlada, za srce ujeda,
oči gòrê živje od plamena,
čelo joj je ljepše od mjeseca, —
i ja plačem kâ malo dijete.
Blago Andrî đe je poginuo,
divne li ga oči oplakaše,
divna li ga usta ožališe!

KNEZ ROGAN (*šapti knezu Janku*).

Ne pitaj ga, amana ti, za takve stvari,
dok se nije što izblejâ!

Zora je; bude se i dižu.

OBRAD

Da vi pričam što mi se prisnilo!

Naroda se bješe mnogo diglo,
kao nekud da krste nosimo;
sunce peče da oči iskoče,
i tvrđa je kudijen idemo.
Dok sidemo kâ na ovo polje,
počinemo pod jednu jabuku,
ispod koje i potočić vraše.
Svi se u hlad pod njom sabijemo,
uberemo zrelijeh jabukah,
kao cukar svaka bješe slatka;
pop očita pod njom evanđelje.
U to doba pet Martinovićah
digoše se jedan za drugijem
i za njima tri-četiri druga.
Sav ih narod gleda kud odoše;
a oni ti stube, te uz crkvu:
na oltar se od crkve popeše
i na njemu krst zlatni metnuše.
Krst zasija kâ na gori sunce
i sav narod na noge ustade,
časnome se krstu pokloniše.
U tome se razbudih od straha.

VUK MIĆUNOVIĆ

Srećan bio, divno li si snio!
Na čudo sam i ja na san bio
braneći se od nečijeh pasah,
i pet-šest sam mačem presjekao.

Da sam đegođ u četu krenuo,
doista se bih poklâ s Turcima.

SERDAR JANKO

Ja sam noćas bio u svatove
i sa bulom ženio Bogdana;
u crkvu je našu pokrstismo,
pokrstismo, pa ih privjenčasmo.

Turci jedan za drugijem svi odoše ljuto sjetni.

SERDAR VUKOTA

Ja sam Ozra noćas na san gledâ.
Bjesmo pošli dvjesta Ozrinićah,
i toliko poćerali konjah,
da uzmemo punje aranđelsko.
I vrati se s pićem iz Kotora;
poju ljudi, gađu iz pušakah;
kad dođosmo navrh Potočinah,
ali sjede oko trista drugah,
na svakoga zelena dolama,
na svakoga toke i oružje.
Pomislimo: ko će ono biti?
Kakvi gosti? Nije im vrijeme!
Kad ali je ono stari Ozro
i birani za njim Ozrinići
(nije od njih nijednoga živa);
puče na nas svake grdne jade
što u Čevu crkvu ne gradimo

Aranđelu, da ni svud pomaga.
Ondena se malo ne poklasmo,
i sad drhtim od njegova straha!

VUKOTA MRVALJEVIĆ

Ja po svu noć prtljam i snijevam;
dok se dignem, ja sve zaboravim.

Knez Bajko je sjetan i Vuk Mandušić;
oni dva ne hoće ništa da pričaju.

KNEZ JANKO

Kneže Bajko, ti si nešto sjetan?
Što će biti, to ne može proći,
nego pričaj, da i nije milo.

KNEZ BAJKO

Hoću, kneže, sve mi jedno biva!
Ja sam noćas grdan san vidio:
sve oružje svoje u komate.
Bez zla mi se obići ne može
i bez neke bratske pogibije,
jer kad god sam takvi san gledao,
pripravljâ sam što mrcu trebuje.

KNEZ ROGAN

Mandušiću, što si neveseo,
što ne pričaš što si noćas snio?

VUK MANDUŠIĆ

Ni što snio ni pričat umijem,
no sam svu noć kao zaklan spavâ.

KNEZ ROGAN

Ja ću pričat kad svi ostaviste:
viđeh na san Draška Popovića;
a meni se kâ u zarok stjeca,
i rekâ bih, eto ga niz polje.

SERDAR RADONJA

Gledaj čuda, što je jadni čovjek:
mi se dosad ništa ne sjećasmo
najboljega našega vojvode.
A đê bio Draško Popoviću?

SERDAR VUKOTA

Hodio je do u Mletke Draško.
Kada Šenđer na Kotor udara,
sta grad biti topom bukovijem.
Pop Šćepan se tad u Kotor nagna,
godi jednom topom sa Kotora,
Šenđerovu pogodi lubardu,
u grlo joj zrnom ugodio,
slomi mu je u trista komatah.
Tad zadobi platu u principa,
na godinu stotinu cekinah.

Pop je pao ljuto od starosti,
pa je Draško u Mletke hodio
da donese od Mlečića platu.

KNEZ ROGAN

Navrtite te pet-šest ovnovah,
da ručamo, da doma idemo.

*Dođe Draško vojvoda pa se sa svijema
grli i celiva, pa sjede među njima.*

KNEZ ROGAN

Pričaj štogod, Draško, od Mletakah!
Kakav narod bješe na te strane?

VOJVODA DRAŠKO

Kakav narod, pitaš li, Rogane?
Kâ ostali — ne bjehu rogati.

KNEZ ROGAN

Znamo, čoče, nijesu rogati,
no bjehu li zgodni i bogati?

VOJVODA DRAŠKO

Bješe, brate, dosta lijepijeh,
a grdnijeh deset putah više,
od bruke se gledat ne mogahu.

Bogatijeh bješe pogolemo;
od bogatstva bjehu poluđeli,
đetinjahu isto kao bebe.
Svi nuglovi punani praznovah;
mučahu se, da im oči prsnu,
da oderu koru leba suha.
Gledao sam: po dva među sobom
đe uprte kakvu ženetinu
tjelesine mrtve i lijene,
potegla bi po stotinu okah,
pa je nose proz gradske ulice
usred podne tamo i ovamo,
ne boje se česti ni poštenju,
tek da steku da se kami rane.

KNEZ JANKO

Bjehu li im kakve kuće, Draško?

VOJVODA DRAŠKO

Bjehu kuće na svijet divota!
Ama bješe muke i nevolje:
ćeskota ih nesretnja davljaše,
smrad veliki i teška zapara,
te nemahu krvi u obrazu.

VUK MIĆUNOVIĆ

A kako te, zbilja, dočekaše?

VOJVODA DRAŠKO

Ko m' u zli čas dočekivâ, Vuče?
Ja nijesam ni poznâ nikoga,
a kamoli da me ko dočekâ.
No mi ona ružna mješavina
ne davaše iz kuće izaći:
svagda graja bješe oko mene
kada hoćah po gradu izaći,
kao u nas bijele neđelje
kad se krenu momčad u maškare.
Da jednoga ne bi prijatelja,
glavom sina Zana Grbičića,
svoga doma već ne ćah gledati,
nego kosti tamo ostaviti;
a on me je bratski dočekao,
vodio me svuda po Mletkama.

VUK MANDUŠIĆ

A bjehu li junaci, vojvoda?

VOJVODA DRAŠKO

Ne, božja ti vjera, Mandušiću,
o junaštvu tu ne bješe zbora!
Nego bjehu k sebi domamili,
domamili pa ih pohvatali,
jadnu našu braću sokolove
Dalmatince i hrabre Hrvate,

pa brodove njima napunili
i tiska' ih u svijet bijeli,
te dovukuj blago iz svijeta
i pritiskaj zemlje i gradove.

SERDAR IVAN

A sudovi bjehu li im pravi?

VOJVODA DRAŠKO

Bjehu, brate, da te bog sačuva;
malo bolji nego u Turčina!
Bješe jedna kuća prevelika
u kojoj se građahu brodovi,
tu hiljade bjehu nevoljnikah,
svi u ljuta gvožđa poputani,
te građahu principu brodove;
tu od plača i ljute nevolje
ne mili se uljesti čovjeku.
Jedni sužnji bjehu prikovani
u putima na velje brodove,
te vozahu po moru brodove;
tu ih ljetnje gorijaše sunce
i davljahu kiše i vremena,
ne mogahu iz veze šenuti,
no, kâ pašče kad ga za tor svežeš,
tu čamaju i dnevi i noći.
Najgore im pak bjehu tavnice
pod dvorove đe dužde stojaše;

u najdublju jamu koju znadeš
nije gore no u njih stojati:
konj hoćaše u njima crknuti,
čovjek pašče tu svezat ne šćaše,
a kamoli čojka nesretnjega;
oni ljude sve tamo vezahu
i davljahu u mračnim izbama.
Sav protrnem, da ih bog ubije,
kad pomislim za ono strašilo!
Niko žalit ne smije nikoga,
a kamoli da mu što pomože.
Kada viđeh vitešku nevolju,
zabolje me srce, progovorih:
„Što, pogani, od ljudih činite?
Što junački ljude ne smaknete,
što im takve muke udarate?"
Dok Grbičić meni poprišapta:
„Nemoj takve govorit riječi,
ne smije se ovde pravo zborit!
Tvoja sreća — ne razumješe te."
I čujte me što vam danas kažem:
poznao sam na one tavnice
da su božju grdno prestupili
i da će im carstvo poginuti
i boljima u ruke uljesti.

VUK MIĆUNOVIĆ

Budi li se ti tako proričeš,
mišljahu li u svijet za koga?

VOJVODA DRAŠKO

Nema toga ko s' ne boji čega,
da ničega, ano svoga hlada.
Oni straha drugoga nemahu
do od žbirah i do od špijunah,
od njih svako u Mletke drktaše.
Kad dva zbore štogod na ulicu,
treći uho obrne te sluša,
pa onaj čas trči sudnicima,
kaži ono što oni zborahu
i popridaj štogod i pogladi.
Sud onaj čas ona dva uhvati,
pa na muke s njima u galiju.
Od toga ti bjehu poginuli,
među sobom vjeru izgubili.
Kolike su s kraja u kraj Mletke,
tu ne bješe nijednoga čojka
jedan drugog koji ne držaše
za tajnoga žbira i špijuna.
Grbičić se meni kunijaše
da su jednom žbiri i špijuni
oblagali jednoga principa
pred senatom i svijem narodom,
i da su mu glavu otkinuli
baš na stube njegova palaca.
Kako ih se drugi bojat neće
kad mogaše oblagati dužda!

KNEZ JANKO

A bješe li igre u Mletkama,
kao ovo te se mi igramo?

VOJVODA DRAŠKO

Bješe igre, ali drugojače.
U jednu se kuću sakupljahu
pošto mrkni i pošto večeraj.
Kuća bješe sila od svijeta,
uždi u njoj hiljadu svijećah;
po zidu joj svud bjehu panjege,
cijele se napuni naroda,
tako isto i kuća ostala;
svud mogaše iz zida viđeti
đe virahu kâ miši iz gnj'jezda.
Dok se jedna podiže zavjesa,
treći dio od kuće otvori.
Bože dragi, tu da vidiš čuda!
Tu izmilje nekakvoga puka,
to ni u san nikad doć ne može,
svi šareni kao divlje mačke;
dok ih stade po kući krivanja,
đe ko bješe zapljaska rukama;
ìmah mrtav padnut od smijeha!
Malo stade, oni otidoše,
a za njima drugi izidoše.
Takve bruke, takvijeh grdilah
nigđe niko jošt vidio nije!

Nosine im po od kvarta bjehu,
istreštili oči kao tenci,
a zinuli kâ kurjaci gladni;
a drvene noge nasadili,
pa iđahu kao na ključeve;
oblačili prnje i jačine, —
usred podne da ga čovjek sretne,
sva bi mu se kosa naježila.
Dokle neko, da mu bog pomože,
iz onijeh panjegah zavika:
„Bjež', narode, e izgore kuća!"
Bože dragi, da tu bruku vidiš!
Stade jeka, klepet i lomjava,
stade piska, kape popadaše,
stotina ih ispod nogah osta;
sve se nabi, da krknut ne može,
kao stoka kad je zvjerad gone.
Te mi opet sjutradan na igru,
kad u kuću nigđe niko nema,
no je pusta kuća zatvorena.
I jošt ću vi jednu sprdnju pričat
(a znam čisto vjerovat nećete):
vidio sam ljude u Mletkama
đe na konop skaču i igraju.

KNEZ ROGAN

To ne može bit istina, Draško,
nego su ti oči zamaštali.

VOJVODA DRAŠKO

Ne znam ništa, no sam ih gledao;
i sam mislim da je maštanije.

OBRAD

Ada što je nego maštanije!
Ja sam čuo od jednoga đeda,
u Boku su jedni dohodili
iz Talije, ili otkud drugo,
na naš pazar isti izlazili
pa viknuli cijelu narodu:
„Pogledajte onoga kokota!"
Kad pogledaj onoga kokota,
ali šljeme za nogu poteže, —
kad onaj čas nije nego slamka!
Drugom vikni: „Poslušaj narode:
svak će sada grozd u ruku imat,
grozdu ćete britve prinijeti,
al' čuvajte, da vas jad ne nađe,
nemoj koji grozda okinuti!"
Dokle svako za po grozd uhvati,
priniješe britve grozdovima;
kad viđeše čudo neviđeno:
svaki sebe za nos dohvatio,
dognâ britvu do svojega nosa!
Dokle treći sa vrh zida viknu:
„Čuj, narode, ne potopite se!"

U to rikni niz pazar rijeka;
ili bilo muško ili žensko,
svak, da gazi, uzdigne haljine, —
kad ni vode ni od vode traga,
no svak digâ u pazar haljine
i krenuo kâ da vodu gazi!
Kad viđeli e ih pogrdiše,
skoči narod, i bi ih pobili,
no uteci u Kotor Latini.
To igranje isto je ovakvo
što na konop igraju, vojvoda!

VUK MIĆUNOVIĆ

Pojahu li uz gusle lijepo?

VOJVODA DRAŠKO

Kakve gusle i kakvu nesreću;
tu za gusle ni zbora ne bješe!

VUK MIĆUNOVIĆ

Ada za svu igru bez gusalah
ja ti ne bih paru tursku dao.
Đe se gusle u kuću ne čuju,
tu je mrtva i kuća i ljudi.

SERDAR RADONJA

Za svaku te rabotu pitasmo;
a gleda li principa, vojvoda?

VOJVODA DRAŠKO

Gledah, brate, kao tebe sada.

SERDAR RADONJA

A bješe li kakav, amana ti?

VOJVODA DRAŠKO

Bješe čovjek te od srednje ruke;
da ne bješe pod onim imenom,
ne šćaše se bojat od uroka.

SERDAR RADONJA

Kako li se zvaše, vojevoda?

VOJVODA DRAŠKO

Valijero... i već ne znam kako.

SERDAR IVAN

Pita li te što za ove kraje?

VOJVODA DRAŠKO

Pita, brate, ne znam ni sam kako.
Ja izidoh pred njim s Grbičićem,
poklonih se kako mi rekoše;
put mene se poosmjehnu princip,
raspita me za naše krajeve,

i šćah reći ljubi Crnogorce,
jer spomenu sve redom bojeve
đe su naši pomogli Mletkama.
Pa poslijed poče đetinjiti;
zapita me za naše susjede,
za Bošnjake i za Arbanase:
„Kad uhvate — kaže — Crnogorca,
bilo živa al' mrtva, u ruke,
hoće li ga izjest, što li rade?"
— „Đe izjesti, ako boga znadeš,
kâ će čovjek izjesti čovjeka?"
„Ma sam čuo — opet mi govori —
jedan narod tamo zmije jede."
— „Kakve zmije, čestiti principe,
a gadno je na put pogledati,
sve se dlake naježe čovjeku!"

KNEZ JANKO

Ja mnim te je dočekâ lijepo?

VOJVODA DRAŠKO

Ne lijepo, nego prelijepo:
obeća mi i što mu ne iskah!
I pomislih kad od njega pođoh:
blago meni jutros i dovijek,
evo sreće za sve Crnogorce,
dajbudi ću povest dosta praha
da s' imaju čim biti s Turcima.
Kad poslijed, sve ono izlinja,

kâ da ništa ni zboreno nije.
I posad mu ne bih vjerovao
mlijeko je da reče bijelo.

KNEZ ROGAN

A kako te ranjahu, vojvoda;
bjehu li im lijepa jestiva?

VOJVODA DRAŠKO

Tu ne bješe jela izvan leba,
no donesi nekakve preslačke,
po tri ure liži dokle ručaj.
Dva dijela tu bijaše puka
jošte mladi, a obezubili,
sve ližući one poslastice;
od želje se sad najedoh mesa.

VUK MIĆUNOVIĆ

Fala bogu, jest veliko čudo!
Vidite li ovde u Kotoru
baš ovoga Sovru providura
i ostalu gospodu mletačku?
Volî su ti kokoš ali jaje
nego ovna ali grudu sira!
Koje čudo mogu na godinu
kokošakah oni pozobati!
Pa pogini u ono gospodstvo,
spušti kulje, a obrivi brke,

a pospi se po glavi pepelom,
a brnjice kâ žene u uši.
Kako tridest napuni godinah,
svaki dođe kao babetina,
od bruke se gledati ne može;
kako pođi malo uza stube,
ublijedi kako rubetina,
a nešto mu zaigraj pod grlom,
rekao bi, oni čas umrije!

Sijeku peciva i sjedoše na ručak. Serdar Janko pita čî je brav te mu on u pleće gleda, i kažu mu da je Martina Bajice.

SERDAR JANKO

Divna pleća a divno li piše!
Blago tebi zadovijek, starče,
čudno li ćeš nešto doživjeti!

KNEZ ROGAN

Koje drže da je naša strana,
al' od krsta ali je od stuba?

KNEZ JANKO

Mi smo vazda od krsta držali.

KNEZ ROGAN

Hiljadu sam plećah oglodao,

ali ove ne viđeh nesreće.
Čije ovo pleće te ga gledam?
Njegova se kuća ugasila,
u nju neće kokota pojati;
a evo je nasred njega šuplje
kâ da si ga šilom prošupljio,
a po njemu dvadeset grobovah,
i nijedan nije izvan kuće.

Svi gledaju ono pleće i čude se kakvo je.
Pitaju od čijega je brava i kažu im da je
od brava Skender-age Medovića.

KNEZ JANKO (*gleda jedno pleće*
i priča iz njega).

Ima ovaj dvadeset govedi,
guvno mu je kod kuće lijepo,
na kuću mu šljeme dosta jako,
jaki su mu i lijepi konji;
krije negđe zamotuljak parah,
ma bih rekâ da ih nije mnogo,
i za njih mu svi u kući znaju.

VUKOTA MRVALJEVIĆ (*priča iz pleća*).

Čudna negđe pustoga plijena,
no je krvav, da ga bog ubije,
Kosovo je oko njega leglo!

VUK MIĆUNOVIĆ

Što bajete kao bajalice
ali babe kad u bob vračaju?
Što će znati mrtve kosturine
kako će se kome dogoditi?

VUKOTA MRVALJEVIĆ

Koje jade ti tobož mudruješ?
A ti više u njima proričeš
no koji mu drago desetinja;
ne daš nigda pleća oglodati,
no ih grabiš iz ustah ljudima;
meni si ih stotinu uzeo
da đavola priđe u njih vidiš;
u to ti je prošlo pô vijeka.

VOJVODA BATRIĆ

Danu, Vuče iz Lješeva Stupa,
uzmi gusle da nas razgovoriš;
kad je dobro, neka je i bolje.

VUK LJEŠEVOSTUPAC (*poje*).

Čevo ravno, gnjijezdo junačko,
a krvavo ljudsko razbojište,
mnoge li si vojske zapamtilo,
mnoge li si majke ojadilo!
Ljudske su te kosti zatrpale,

ljudskom si se krvlju opjanilo.
Vazda râniš od Vidova dana
junačkijem i konjskijem mesom
gavranove i mrke vukove.
Strašno l' bješe jednom pogledati:
dim ti crni bješe priklopio,
sto hiljadah pritislo Turakah,
oko tebe puške grmijahu,
frištijahu hiljade momakah
a grakahu na jata vranovi.
Iza tmine i sunce ogrije:
pred večer se nad tobom izvedri,
Turke mrtve po tebe brojasmo,
pogodit se nikad nè mogâsmo
oko broja, koliko ih bješe.

Ostavlja gusle.

VOJVODA BATRIĆ

Danu, Vuče, nemoj prekidati,
razgovora bez takvoga nema.

VUK LJEŠEVOSTUPAC

Ne umijem, vojvoda, pa je ljepše ostaviti.

*Pucaju puške uz polje, pjevaju ljudi,
ima ih okolo sto i pedeset.*

VOJVODA DRAŠKO

Ko je ono, kâ da su mahniti?

SERDAR JANKO

Ono su ti svati Mustafića,
a ženi se Suljo barjaktare
sinovicom s Oboda kadije.

VUK MIĆUNOVIĆ

Ma nijesu svi svatovi Turci,
nego ima i Crnogoracah.

SERDAR JANKO

Ima onđe i Crnogoracah
malo manje nego polovina.

VUK MIĆUNOVIĆ

Kud su šćeli potrpezne kučke,
Brankovići i ližisahani,
što im oće društvo sa Turcima?

KNEZ JANKO

A kakva je to vražja ženidba
kad vjenčanja nikakva nemaju,
no živuju kâ ostala stoka?

SERDAR JANKO

U njih nema nikakva vjenčanja,
no pogodbu nekakvu učine
kâ da kravu napoli predaju.
Oni žene u čeljad ne broje,
no ih drže kâ prodano roblje.
Oni kažu: žena je čovjeku
slatko voće al' pečeno jagnje;
dok je takva, neka je u kuću,
nije l' takva, sa njom na ulicu.

KNEZ ROGAN

Hvala bogu, pasjega mileta,
kâ je opit sa zlom i nepravdom!
Đe dopire, tu zakona nema;
zakon mu je što mu srce žudi
što ne žudi, u koran ne piše.

Poju svatovi uz polje.

SVAT TURČIN

Gergeleze, krilo od sokola,
te na hata u raju poleće,
samovoljno, bez nikakva zora,
pred proroka da priđe izađeš,
hurije te divne zarobiše
te si nama tako zakasnio.
Izlaz' k nama, časa ne počasi,

na tvojega krilata halata!
Ne zaborav' sablje i miždraka
i tvojega biča paklenoga,
jer su vlasi uši podignuli,
da okupiš stoku u torinu,
vuci su ti ljuto pogladnjeli.
Nek ti sine sablja damaskija,
da ne laju paščad na proroka!

SVAT CRNOGORAC

Đe si, Marko, nagnuta delijo?
Iako si turska pridvorica,
al' si opet naša perjanica.
Pojaš', Marko, tvojega Šarina,
od oružja ništa ne uzimaj
do tvojega teška šestoperca,
njim Aliju zgodi među pleća,
pa mu na čast prorok i hurije!

SVAT TURČIN

Ilderime, svečev buzdovane,
malo li ti bi krstove vjere
međ' istokom i među zapadom
da istrčeš hata krilatoga,
damaskiju da krvi napojiš,
da najstrašnîm postaneš šehitom,
no se diže da Fatimu ćeraš,
jedinicu svetoga proroka?
Tu sagr'ješi bogu i proroku;

ko im skrivi, on im grdno plati!
Al' ti prosto dinovo mlijeko
kada Bosni salomi rogove,
kad sve pokla što ne posuneti;
samo fakir ostavi fukaru,
da nas služi, a pred krstom tuži.

SVAT CRNOGORAC

Obiliću, zmaju ognjeviti,
ko te gleda, blješte mu oči,
svagda će se svetkovat junaci!
Mr̀cino nam krunu ne upušti
kad padiši stade pod vilice,
kada dinu zagazi u čorbu.
Sad te viđu na tvojega Ždrala
đe razgoniš kod šatora Turke.
Što će biti, ko će ugoditi?
Srb i Turčin ne slaže se nigda,
no će priđe more oslačati.

SVAT TURČIN

Drž', Alija, kurvino kopile,
Kotarke se mlade razbježaše!
Sramota je sivome sokolu
ćerat dugo jato jarebicah
pa za sebe ne ulovit mesa.
Udri, Tale, tvojom drenovačom,
pod njom puču rebra kâ orasi!
Polovina glave izgubite,

ne ostav'te Kosu u kavure;
takvo voće nije za kavure.

SVAT CRNOGORAC

Bjež', Komnene, zadrta delijo,
kad si takvu srnu ulovio;
već si dosta odmorio krila,
nijesu ti daleko Kotari;
vjera ti je Hajki omilila,
jedva čeka da ti se prekrsti.
Zabobonji, starino Novače,
svrh Klisure, kâ si naučio,
jer su dinu uši zaglibile;
probudi mu buhe u kožuhe.
Ne pušt', Bajo, živa đavoljêga;
neka svati nè bûdê planine
bez pitanja tvoga al' Limova.

Izlazi Mustaj-kadija i moli momčad da ne poju onake pjesne pokraj sakupa crnogorskoga, da ne bude od glavarah kome što žao, nego neka poju svatovske pjesne, i on sam počinje pojati.

MUSTAJ-KADIJA

Ne plač', majko, dilber-Fatimu:
udata je, ne ukopata;
ruža s struka nije pala svog,
no u bostan prenešena svoj.

Fatimu će Suljo držati
kako oči svoje u glavi.
Fatima je strukom divota,
oči su joj dvije zvijezde,
lice joj je jutro rumeno,
pod vijencem gori Danica;
usta su joj pȁrôm srezana,
usne su joj ružom uždene,
međ' kojima katkad sijeva
sn'ježna grivna sitna bisera;
grlo joj je čista fildiša,
b'jele ruke — krila labuda;
nad cvijećem pliva zornjača,
a voze je vesla srebrna.
Blago odru na kom počine!

SVAT CRNOGORAC

Soko mrzi polja od prašine,
soko neće žabu iz lužine,
soko hoće visoku liticu,
soko traži ticu jarebicu;
jarebica tanka i plašiva,
ma tijela kako vatra živa.

SVAT TURČIN

Ne dangubi, svatski prvijenče,
sahati su danas kâ godine,
hoće nam se Sulju udužiti.
Bog je dragi nekoliko dana

tandarihe zemlji poklonio,
grehota je da ih potkidamo.

VOJVODA STANKO

Čudne bruke, grdne mješavine!
Čujaste li kako se pojaše?
Zaludu se nedružina druže,
sve nekakvi prigovori stari:
Miloš, Marko — Mujo i Alija!
Pripravlja se, dok odjednom pukne;
već previre kàpa na sve strane.

VUK MANDUŠIĆ

Ema šta se druže s krvnicima,
a u jedan kotâ da ih svariš,
ne bi im se čorba smiješala?!

VUK MIĆUNOVIĆ

Bezobrazne, obrljane kurve,
povukuše te nam obraz grde!
Junačkoga ne znaju poštenja,
a ne bi se vukli za Turcima.
Mrznî su mi oni nego Turci,
a ni mislim za njih ni za Turke.
Badava se inate s Turcima
kad im ližu kâ paščad sahane!

BOGDAN ĐURAŠKOVIĆ

Oni šćahu sve onako pojat,
no im ne da podmukla lisica.
Vidite li onoga kadije?
Drûga nema u četiri zemlje:
u njega su medene riječi,
uvija se kâ vrag oko krsta,
ama punan gube i lukavstva;
krvnika ga rišćanskoga nema —
zaklala ga puška crnogorska!

Prođoše svatovi. — Malo stade, evo pokajnice uz polje i tuži sestra Batrićeva pred njima.

SESTRA BATRIĆEVA

Kuda si mi uletio,
moj sokole,
od divnoga jata tvoga,
brate rano?
Da l' nevjerne ne zna Turke,
bog ih kleo!
e će tebe prevariti,
divna glavo,
moj svijete izgubljeni,
sunce brate,
moje rane bez prebola,
rano ljuta,
moje oči izvađene,

očni vide?!
Kome braću ti ostavi,
bratska hvalo,
i staroga baba Pera,
kuku, Pero!
i tri mlade sestre tvoje,
kukavice?
Sedam snahah što ošiša?
njima prazno!
Što ne čuva mladu glavu,
ljudska vilo,
što krvnika njom nasladi,
bratska diko?
Na vjeru te posjekoše,
nevjernici!
Divno l' Travnik okitiše,
to platili!
sa lijepom glavom tvojom,
kuku, lele!
Ko će čete sakupljati,
četovođa,
ko l' krajini branit krilo,
bratsko krilo,
ko će turske glave sjeći,
ostra sabljo?
Da pogibe u boj ljuti,
ubojniče,
đe se srpski momci grabe,
mlado momče,
oko glavah i oružja,

proste rane! —
no na vjeru u nevjere,
vjerna glavo!
Da mi se je pomamiti,
sestri crnoj,
da te kako zaboravim,
kukavica,
e prezgodna glava bješe,
mladi brate!
Da uz cara sjedijaše,
mudra glavo,
šćaše carev vezir biti,
sestri tužnoj;
da kod kralja sjedijaše,
moj mladiko,
đeneral mu šćaše biti,
moja ružo!
Da se mogu razgovorit,
srce moje,
a sa mrtvom tvojom glavom,
kam da mi je!
da ti crne oči viđu,
oči moje,
da poljubim mrtvu glavu
mjesto brata,
da očešljam dugi perčin,
jaoh meni!
i junačku čalmu svežem,
sestra grdna.
U krvničke sad si ruke,

platili te!
nagrdiće krasnu glavu,
prekrvnici!
Ti ćeš mnogo braće naći,
kuku nama!
biranijeh sokolovah,
kuku braćo!
po bedemu od Travnika,
bog ga kleo!
Glave bratske poznat nećeš,
nama prazno!
jere su ih nagrdili,
nevjernici!
Kud će tvoja mlada ljuba,
kuku njojzi!
dvoje đece tvoje ludo,
siročadi?
Što će jadni đed ti Bajko,
moj Batriću,
koji te je odnjivio,
těško njemu?!
Proste tvoje ljute rane,
moj Batriću,
al' neprosti grdni jadi,
kuku rode!
e se zemlja sva isturči,
bog je kleo!
glavari se skamenili,
kam im u dom!

*Svi glavari plaču, i kad čuše ime Batrićevo,
svi plačući izidoše pred pokajnice. Kako se
sastaše s njima, znadoše što je. Sestra se
Batrićeva zagrli s đedom Bajkom (knezom),
ugrabi mu nož iza pasa i ubi sama sebe;
Bajko se prenemoga i pade spored unuke mrtve.*

VUK TOMANOVIĆ

Hvala bogu, velike žalosti
što nas nađe danas iznenada!

Svak ćuti i plače.

VUK MIĆUNOVIĆ

Oh do boga, aoh dovijeka,
da čudno li s glave pogibosmo!

KNEZ ROGAN

Osamdeset već imam godinah;
sto putah sam gledâ Crnogorce,
gledâ Turke, a gledâ Latine,
mlade glave onakve ne víđah!

VUK TOMANOVIĆ

U ove se gore nigda nije
onakvoga mladeta dizalo.
Ono bješe junak pod krilima!

Gledâ sam ga đe skače s momcima:
skoči s mjesta četrnaest nogah,
a iz trke dvadest i četiri;
po tri konja zagona preskoči.

VUK MIĆUNOVIĆ

Što je fajde kriti ono što je?
Onakvoga sivoga sokola
Crnogorka još rađala nije!
Ne mogaše čovjek nigda znati
al' je zgodnî ali je valjastî,
al' je mudrî ali je ljubavnî!
Šest putah sam s njim na muku bio,
đe prah gori pred oči junačke
i đe glave mrtve polijeću —
još takvijeh očih gvozdenijeh
ja ne viđeh u jednoga momka,
a nemaše još dvadest godinah!
I što ću vi kriti, Crnogorci,
živo mi je srce pokosio
i našu je zemlju ocrnio!

VUK TOMANOVIĆ

On ne bješe no samo nastao, —
Crnogorca već bješe svakoga
on gotovo pretekâ junaštvom;
sedamnaest ali osamnaest
bješe glavah posjekâ turskijeh!

VOJVODA BATRIĆ

Bog ga jaki i mrtva ubio,
kako mòga vjerovat Turcima,
tere im se na vjeru opušta?

VUK TOMANOVIĆ

Vjeran bješe junak mimo ljude,
pa ga ono pašče Ćorovića
izbezumi nekako na bratsku,
te sramotno, crn mu obraz bio!

SERDAR JANKO

Je li mu se kuća iskopala?

VUK TOMANOVIĆ

Ne, serdare; ali što zafajdu?
Ostalo je dvoje đece muško,
jedno drugom vode dat ne može,
i zgodna su kâ dvije jabuke, —
nego ko će đecu dočekati?

KNEZ JANKO

Koliko mu brata ostadoše?

VUK TOMANOVIĆ

Sedam bratah, svi sedam jednaci.

KNEZ JANKO

Hoće li ga osvetiti, Vuče?

VUK TOMANOVIĆ

Hoće, kneže; ali što zafajdu?

KNEZ JANKO

Kako zašto? što govoriš, čoče?
Da ga mogu dobro osvetiti,
kâ da bi ga iz groba dignuli! —
Ada ova nesrećna nevjesta
te se danas ubi među nama
ljuće mi je na srce zavila
no nesrećna glava Batrićeva.

SERDAR JANKO

Ne zbori nam, kneže, za te jade;
ni ovakve jošt nije žalosti
na mnogo se mjestah događalo;
no joj puče srce u prsima
a obrnu svijet naopako
za onijem sivijem sokolom,
pa ne mòga odoljet žalosti,
nego život uze sama sebi.

KNEZ ROGAN

Nevolja je, braćo, da s' ubije!

Kam bi crkâ od ove žalosti,
a ne sestra za onakvim bratom,
e predivan bješe, jad ga našâ!
Kad se šćaše ođest kud da ide,
pa obuci one puste toke,
šal crveni sveži oko glave,
a pani mu perčin niz ramena,
dvije puške metni za pojasom,
a pripaši mača o pojasu,
a u ruke uzmi džeferdara,
krasna lica, visok kao koplje, —
kad pomislim i ja kakav bješe,
raspale se uz mene plamovi!

Glavari sjede okolo veljega guvna i razgovaraju se, dok evo ti tri-četiri stotine Ozrinićah, Cucah i Bjelicah. Svi posjedaše pred glavare i drže duge puške uz ramena.

SERDAR VUKOTA

Dobro došli! Što je bilo, ljudi?
Krenuli ste nekud kâ na vojsku,
to vam nije bez neke nevolje;
da se nije ko poklâ, boga vi?

VOJNIK

Ne, serdaru, jošt nije pokolja,
ema bi se moglo doslutiti.

DRUGI OD VOJNIKAH

Pope cucki, da' im ono pismo
te si pisâ među svima nama,
pa se s njime neka razgovore,
e ćemo ih grajom zaglušiti.

Pop Mićo dava pismo vladici Danilu;
vladika ga gleda i ne govori ništa.

KNEZ JANKO

Što je bilo? što piše, vladiko?

VLADIKA DANILO

Ne može se ono pročitati.

Daje ga vladika knezu Janku da ga
popu povrati.

KNEZ JANKO (*gleda ga*).

Divna pisma, jadi ga ubili,
krasno je na kartu složeno,
kao da su kokoške čepale.

Svak se smije. Knez Janko dava pismo
popu i govori mu:

KNEZ JANKO

Pope Mićo, drž' ti ovo pismo,
te pročita', da znamo što piše!

*Pop Mićo uzimlje pismo, dugo ga gleda
i počinje čitati.*

POP MIĆO (*čita*).

... um ... dam ... am ...
... bi ... nu ... no ...
... na ... ša ... ra ...

VUK MIĆUNOVIĆ

Lijepo li ova sablja čita,
divno li nas danas razgovori!
Amana ti, đe nauči tako?
Jesu li te u Mletke šiljali?
Kada svoje tako osijecaš,
ada što bi s tuđijem činio?

POP MIĆO

Ti se, Vuče, kâ da sa mnom rugaš?
Kakav nauk, takvo i čitanje!
Da sam imâ boljeg učitelja,
te bih i ja danas bolje čitâ;
kâ je, da je, o njemu se bavim.
Ko će bolje, široko mu polje!

VUK MIĆUNOVIĆ

Ja ti ne bih predavao bira,
da se slušam, zrno dađavolje.

POP MIĆO

I ne daju žita ni u šaku,
do po runo i po grudu sira;
pa i to mi daju kâ na silu.
Da li ne znaš naše davaoce?

VUK MIĆUNOVIĆ

Amana ti, ne naijedi se:
a kako im čitaš leturđiju
kad ovako u pismo zatežeš?

POP MIĆO

Amanat mi, ja je i ne čitam,
niti mi je knjiga za potrebu,
nit' je kada u crkvu otvaram.
Napamet sam dobro utvrdio
leturđiju, krstit i vjenčati,
kâ i druge pomanje potrebe;
pa kad mi je koje za potrebu,
ispojem ga kâ pjesnu na usta.

KNEZ JANKO

Čudna popa, jadi ga ne bili,
u svijet ga ovakvoga nema.

Svi u smijeh i u graju.

SERDAR VUKOTA

Danu pričaj koji što ste došli,
da idemo, da ne zamrčemo.

JEDAN CUCA

Pričaćemo, a imamo dosta!
Prosta sablja po sto putah turska,
od Kosova koja nas siječe,
pri zlu tome, ako je istina.
Evo ima šest-sedam godinah
kâ dohodi jedna proročica
među nama — iz Bara se kaže;
dava trave i nešto liječi
i zapise nečesove gradi
da čovjeka puška ne ubije.
Svak je drži, oprosti mi bože,
kâ da duhom svetijem prozire!
Donio je đavo među nama
evo ima dvije-tri neđelje;
pa je sada, što nije nikada,
udarila kaživat vještice.
Dvadest ih je do sada kazala,

i sama je sebe obličila;
na njih više no pedeset glavah
što su one svakoju izjele,
a sve đece koja su pomrla
i momčadi tê puška ubila.
Pa se narod cio pomutio,
niko ne zna šta hoće da radi,
pomrzjelo sve jedno na drugo.
Na čudo smo i na jade bili
razdvajući da se ne iskolje;
jedva smo ih ovamo savili,
eda kako vi to pretečete.

VUK MIĆUNOVIĆ

Čudne stoke, bog ih posjekao,
oko šta se imalo poklati!
A đe vi je ta zlosrećna baba
tê među vas nož krvavi vrgla?

ISTI CUCA

Evo smo je doveli sa sobom
da pred vama ovo posvjedoči.
Ona zbori da će sve kazati;
i kažuje, bog je posjekao,
kâ da čovjek sve očima gleda.

Izlazi proročica i vještica.

KNEZ JANKO

Kažuj, babo, jesi li vještica!

BABA

Jesam, kneže, nije fajde kriti.

KNEZ JANKO

A kako se gradite vještice?

BABA

Mi imamo jednu travu za to,
pa tu travu u lonac svarimo,
iz lonca se redom namažemo,
iza toga budemo vještice.

KNEZ JANKO

Pa poslijed što se od vas radi?

BABA

Kupimo se na mjedeno guvno,
niko ne zna do nas đe je ono;
na vratila o marču jašemo,
dogovore krijući činimo
kakvo ćemo zlo učinit kome.
Živinom se svakom promećemo;
vozimo se na srebrna vesla,

lađa nam je kora od jajeta.
Zla mrznome činit ne možemo;
ako nam je mio ali svojta,
trag po tragu njegov iskopamo.

SVI (*iz glasa*).

Vidite li kako ne zna ništa!
Istina je sve što je kazala;
ne bi sama sebe naružila
da u taj lik nije obeštana.
Pa se kaje, stavila se duše,
jere vidi trag ni iskopaše.

KNEZ JANKO

Slušaj, babo, sve ti vjerujemo:
može biti i mjedeno guvno,
jahati se može na vratilo,
ma za lađu i vesla srebrna,
to ti niko vjerovati neće,
jer je sasma preništava lađa.

BABA

Istina je, moj mile, duše mi!
A kako bih danas pridizala
kada visim nogama u grobu?
Nego sam se jednom pokajala;
volija sam poći pod gomilu
sa svijema te smo toga lika

no zla činit kako smo do sada,
da ako mi lakše duši bude.

I plače baba.

KNEZ JANKO

Čudna vraga, vidite li, braćo?
Hvala bogu ima li vješticah?

KNEZ ROGAN

Ima, kneže, nekijeh rogošah,
pod oblak će ustrijelit orla!

VUK MIĆUNOVIĆ (*vladici*).

Ti, vladiko, znaš duboke knjige;
nalaziš li u njima vještice?

VLADIKA DANILO

Đe vještice, što govoriš, Vuče!
Nema toga ni u jednu knjigu;
svrh mene se svi ovde kunite,
to su bapske priče i mudrosti;
nego laže ova babetina,
ali može nešto drugo biti.

SVI GLAVARI

Kažuj, babo, rašta si lagala,

al' na našu dušu pod kamenje.
Nije šala što si učinila:
pomutila tri mučna plemena
i krvavu sablju izvadila!

Baba se prepade i drhti.

BABA

Kazaću vam, al' na ispovijest,
pa činite što hoćete sa mnom.

KNEZ JANKO

Nema, babo, ovde duhovnika,
nâko ćemo poslat popa Mića,
a on knjige uza sebe nema.
Nego kažuj, al' ćeš pod gomilu;
ne varaj se, drugo bit ne može!

BABA (*drhtećim glasom kažuje*).

Kad se spravljah iz Bara ovamo,
dok evo ti jednoga kavaza
đê od paše za mene došao;
povedi me na Skadar veziru.
Vezir bješe čuo što se radi,
da dogovor među se imate
na domaće udariti Turke,
pa me posla da vas ja pomutim,
da se o zlu svome zabavite.

Nauči me sve kako ću radit,
i reče mi, duša mu prokleta:
„Na tebe se niko stavit neće,
jer ti često ideš među njima."
Zaprijeti kad od njega krenuh:
„Ne smuti li, babo, Crnogorce,
kunem ti se turskom vjerom tvrdom:
imaš doma deset unučadi
i tri sina, sva tri oženjena, —
sve ću ti ih zatvorit u kuću
pa u živi oganj izgorjeti!"
Ta me sila, braćo, naćerala
te pomutit hoćah Crnogorce.

Tada skoči narod cio, uzmi kamenje da je pod gomilom metnu, ali je ne pušte glavari, no je s mukom odbrane.

Raziđoše se doma svikolici; samo nekoliko glavara ostadoše na Cetinju da pritvrde svoj dogovor.

Smrklo se; sjede glavari okolo ognja. Izlazi mjesec krvav i bi veliki potres; u to isto doba dođe k njima stari i slijepi iguman Stefan s brojanicama u ruke.

KNEZ ROGAN

Mož' li znati, oče igumane,
rašta ove gore uzdrhtaše?

IGUMAN STEFAN

Ko će sinko, božju volju znati,
ko li boža prozreti čudesa?

KNEZ JANKO

Ada što je ovaj mjesec crven
kako da je iz ognja ispretan?

IGUMAN STEFAN

Ni to, sinko, ja ne mogu znati;
aljinah je na nebesa dosta,
pa bog daje kome kakvu hoće;
a meni je svakoja jednaka,
tek sam svoje oči izgubio.
Blago vama koji ih vidite,
vi ste bliže boga i čudesah!

Tišina je; iguman broji brojanice.

KNEZ JANKO

A brojiš li sve tako, igumane?

IGUMAN STEFAN

Brojim, sinko, ne prestajem nigda.

KNEZ JANKO

Doista se misliš nabrojiti.
Da li ti se, oče, ne dodije,
a od toga...?
Ja bih volî sad grivnu orahah
da je jednom po naški izbrojim
no stotinu tijeh brojanicah
da prebiram prstima zafajdu.

SERDAR JANKO

Ti sve, kneže, na šalu okrećeš. —
Danu, oče, ono kâ umiješ,
ispriča' ni štogod, amana ti
priđe no smo legli i zaspali.
Ko te nije čuo đe govoriš,
onaj ne zna što u tebi spava.

IGUMAN STEFAN

Hoću, braćo, to sam i došao!
Ja sam mnoga zažegâ kanđela
na oltaru crkve pravoslavne,
pa sam slijep došâ među vama
da podžežem, koliko uzmogu,

i vaš oganj sveti na oltaru,
na oltaru crkve i poštenja.

MNOGI (*iz glasa*).

Zbori, oče, svi ćemo slušati koliko te god
volja, ako ćeš do ponoći.

IGUMAN STEFAN

Ja imadem osamdeset ljetah;
otkako sam oči izgubio,
ja sam više u carstvo duhovah,
iako mi jošt tijelo dušu
zadržaje i krije u sebi
kako plamen podzemna peštera.
Ja sam mnogo obišâ svijeta.
Najsvetije nebesne hramove
što je zemlja nebu podignula
ja sam redom svaki polazio,
nasrkâ se dima s žertvenikah.
Penjâ sam se na sveštenu goru
sa koje je strašno predskazanje
svoje sudbe Jerusalim čuo.
Razgledâ sam i sve tri pećine:
đe se sunce hristjanstvu rodilo,
đe je nebo jasli osveštalo,
đe su cari nebesnom mladencu
pohitali s darom poklonit se.
Gledao sam getsimansku baštu,
ocrnjenu strašću i izdajom.

Svetu lampu lud vjetar ugasi!
Mi vidimo na plodnim njivama
đe se grdno trnje rastićilo,
hram Omarov đe se povisio
na svešteni osnov Solomonov,
đe Sofija za konjušku služi.
Smiješna su svojstva naše zemlje,
punana je ludijeh premjenah.
Priroda se svakolika pȉtȃ
sunčanijem čistijem mlijekom;
u plamen se i ono pretvara,
danas žeže što jučer njivljaše.
Kolijevke kakve bi trebale
ne imadu sve naše rijeke;
vidimo li mi ova strašila
đe pustoše nemilosrdno zemlju?
Vreme zemno i sudbina ljudska,
dva obraza najviše ludosti,
bez poretka najdublja nauka,
sna ljudskoga đeca al' očevi.
Je li ovo pričina uprava
kojoj tajnu postić ne možemo?
Je l' istina ê ovo ovako,
al' nas oči sopstvene varaju?
Ište svijet neko djeistvije,
dužnost rađa neko popečenje!
Obrana je s životom skopčana!
Sve priroda snabd'jeva oružjem
protiv neke neobuzdne sile,
protiv nužde, protiv nedovoljstva;

ostro osje odbranjuje klasje,
trnje ružu brani očupati;
zubovah je tušte izostrila;
a rogovah tuste zašiljila;
kore, krila i brzine nogah,
i cijeli ovi besporeci
po poretku nekome sljeduju.
Nad svom ovom grdnom mješavinom
opet umna sila toržestvuje;
ne pušta se da je zlo pob'jedi,
iskru gasi, a zmiju u glavu.
Muž je branič žene i đeteta,
narod branič crkve i plemena;
čest je slava, svetinja narodnja!
Pâs svakoji svoje breme nosi;
nove nužde rađu nove sile,
djeistvija naprežu duhove,
stjesnenija slamaju gromove;
udar nađe iskru u kamenu,
bez njega bi u kam očajala.
Stradanje je krsta dobrodjetelj;
prekaljena iskušenjem duša
râni t'jelo ognjem elektrizma,
a nadežda veže dušu s nebom
kako luča sa suncem kapljicu.
Što je čovjek, a mora bit čovjek!
Tvarca jedna te je zemlja vara,
a za njega, vidi, nije zemlja.
Je li javje od sna smućenije?
Ime česno zasluži li na njoj,

on je ima rašta polaziti;
a bez njega — u što tada spada?
Pokoljenje za pjesnu stvoreno,
vile će se grabit u vjekove
da vam v'jence dostojne sapletu,
vaš će primjer učiti pjevača
kako treba s besmrtnošću zborit!
Vam' predstoji preužasna borba,
pleme vi se sve odreklo sebe
te crnome rabota Mamonu;
pade na njem kletva besčestija.
Što je Bosna i pô Arbanije?
Vaša braća od oca i majke;
svi ujedno, i dosta rabote!
Krst nositi vama je suđeno
strašne borbe s svojim i s tuđinom!
Težak v'jenac, al' je voće slatko!
Voskresenja ne biva bez smrti;
već vas viđu pod sjajnim pokrovom,
čest, narodnost đe je vaskresnula
i đê oltar na istok òkrênût,
đe u njemu čisti tamjan dimi.
Slavno mrite, kad mrijet morate!
Čest ranjena žeže hrabra prsa,
u njima joj nema bolovanja.
Porugani oltar jazičestvom
na milost će okrenut nebesa!

Svi pospaše, a iguman sjedi uz oganj, broji brojanice i svu noć čita molitve među njima.

*Zora je, dižu se, pripašuju oružje da kreću
doma. Čude se gledujući starog igumana
đe sjedi uz vatru, broji brojanice i nešto u sebi
čita; a oni, kako se koji diže, tako mu pristupa
i ljubi ga u ruku iz uvaženija rašta lijepo
i mudro zbori.*

SERDAR IVAN

Ti nijesi slijep, igumane,
kad si tako mudar i pametan!
Budale su s očima slijepe,
koje vide, a zaludu vide;
trebaju im za proste potrebe
kâ ostaloj isto životini.

SERDAR VUKOTA

A misliš li, serdare njeguški,
da bi bio ovakvi s očima?
Pjesma dobra spava u slijepca,
pogled smeta misli i jeziku.
Mož' obisti: kad što hoćeš pričat,
kad pričanju tvome pokaže se
stvar sasvijem protivna pred oči,
slast i silu izgubi pričanje,
um se smuti, a jezik zaplete;
češće ne znaš što si htio reći.
A slijepcu oči ne smetaju,

no se drži sve jednoga puta,
kâ pjan plota kada se prihvati.

VOJVODA BATRIĆ

Da pričamo snove pri kretanju!
Ja sam snio što nijesam nigda
(milo mi je za moje oružje):
noćas na san Obilić proleće
preko ravna Polja cetinskoga
na bijela hata kâ na vilu;
oh, divan li, bože dragi, bješe!

*Poslje trideset-četrdeset drugah pričaju svoje
snove; svaki kaza san jednak, da je Obilića
vidio kao i vojvoda Batrić. Veseli idi u crkvu
da se zakunu svi najedno da se kolju
s domaćima Turcima. Ulaze u crkvu.
Vuk Mićunović razmota šal sa glave, pa ga
pruži te svi za njem rukama uhvatiše
i u kolo stadoše.*

VLADIKA DANILO

Čuj, Nikola, kneže dupioski,
i ti ruku pružaješ na kletvu!
Ti si nejak, znaš li, u Crmnicu,
a Turcima pred kućom Crmnica.
Krivu kletvu na dom ne ponesi,
jer je muka s bogom ratovati!

KNEZ NIKOLA

Znaj, vladiko i svi Crnogorci,
ja znam divno kako mi je doma;
ama imam trista Dupiljanah,
nek me izda svako, kâ i hoće,
zadajem vi božju vjeru tvrdu,
s Turcima se hoćemo poklati,
ako će nam sjeme utrijeti!
Kad krv prospem radi svoje vjere,
ne bojim se kletve ni drugoga.
Kako puška pukne na Cetinje,
grohota će biti na sve strane;
blago tome koga srce služi
i ko nije sasma ostario,
dosta će se posla nagledati!

SERDAR JANKO

Izdati se nećemo, ama treba da se
utvrdimo kletvom; zdravî je posao.

VUK MIĆUNOVIĆ

Kuni, serdare Vukota, ti, e najbolje
umiješ, a mi ćemo svi vikati: amin!

SERDAR VUKOTA

U pamet se dobro, Crnogorci,
(a ko činja biti će najbolji!)

a ko izda onoga te počne,
svaka mu se satvar skamenila!
Bog veliki i njegova sila
u njivu mu sjeme skamenilo,
u žènê mu đecu skamenio!
Od njega se izlegli gubavci,
da ih narod po prstu kažuje!
Trag se grdni njegov iskopao
kako što je šarenim konjima!
U kuću mu puške ne visilo,
glávê muške ne kopâ od puške;
željela mu kuća muške glave!
Ko izdao, braćo, te junake
koji počnu na naše krvnike
spopala ga bruka Brankovića,
časne poste za psa ispostio;
grob se njegov propâ na ta' svijet!
Ko izdao, braćo, te junake
ne predavâ punje ni proskure,
nego pasju vjeru vjerovao;
krvlju mu se prelili badnjaci,
krvlju krsno ime oslavio,
svoju đecu na nj pečenu io;
u pomamni vjetar udario,
a u lik se manit obratio!
Ko izdao, braćo, te junake
rđa mu se na dom rasprtila;
za njegovim tragom pokajnice
sve kukale, dovijek lagale!

SVI (*iz glasa viču*).

Amin!

Izlaze iz crkve i otolen svaki doma.

BADNJI VEČE

Vladika Danilo i iguman Stefan sjede kod ognja, a đaci, veseli, igraju po kući i nalažu badnjake.

IGUMAN STEFAN

Jeste li ih, đeco, naložili,
u prijekrst kâ treba metnuti?

ĐACI

Naložili, đedo, kâ trebuje,
presuli ih bijelom šenicom,
a zalili crvenijem vinom.

IGUMAN STEFAN

Sad mi dajte jednu čašu vina,
ma dobroga, i čašu od oke,
da nazdravim starac badnjacima.

Daju mu čašu vina; on nazdravi badnjacima i popi je.

IGUMAN STEFAN (*čisteći brke*).

Bog da prosti, vesela praznika!
Donesite, đeco, one gusle,
duša mi ih vaistinu ište,
da propojem, odavno nijesam.
Ne primi mi, bože, za grehotu,
ovako sam starac naučio.

Daju mu đaci gusle.

IGUMAN STEFAN (*poje*).

Nema dana bez očnoga vida
niti prave slave bez Božića!
Slavio sam Božić u Vitlejem,
slavio ga u Atonsku goru,
slavio ga u sveto Kijevo,
al' je ova slava odvojila
sa prostotom i sa veselošću:
vatra plàmâ bolje nego igda,
prostrta je slama ispred ognja,
prekršćeni na ognju badnjaci;
puške puču, vrte se peciva,
gusle gude, a kola pjevaju,
s unučađu đedovi igraju,
po tri pâsa vrte se u kolo,
sve bi rekâ jednogodišnici;
sve radošću divnom naravnjeno.
A što mi se najviše dopada,
što svačemu treba nazdraviti!

VLADIKA DANILO

Srećan li si, igumne Stefane,
kako te je bog vesela dao!

IGUMAN STEFAN

Mladi sinko, lijepi vladiko,
samo sobom noćas je veselo;
a dušu sam natopio kapljom,
pa se stara igra povrh vina
kâ blijedi plamen po rakiji.
To mi katkad starcu budi kosti,
spomene ih na mlade godine.

VLADIKA DANILO

Ljepše stvari nema na svijetu
nego lice puno veselosti,
osobeno kâ što je kod tebe:
sa srebrnom bradom do pojasa,
sa srebrnom kosom do pojasa,
a lice ti glatko i veselo;
to je uprav blagoslov višnjega.

IGUMAN STEFAN

Ja sam prošâ sito i rešeto,
ovaj grdni svijet ispitao,
otrovi mu čašu iskapio,
poznao se s grkijem životom.

Sve što biva i što može biti,
meni ništa nije nepoznato;
što god dođe ja sam mu naredan.
Zla pod nebom što su svakolika
čovjeku su prćija na zemlju.
Ti si mlad još i nevješt, vladiko!
Prve kaplje iz čaše otrovi
najgrče su i najupornije;
o da znadeš što te jošte čeka!
Sv'jet je ovaj tiran tiraninu,
a kamoli duši blagorodnoj!
On je sostav paklene nesloge:
u nj ratuje duša sa tijelom,
u nj ratuje more s bregovima,
u nj ratuje zima i toplina,
u nj ratuju vjetri s vjetrovima,
u nj ratuje živina s živinom,
u nj ratuje narod sa narodom,
u nj ratuje čovjek sa čovjekom,
u nj ratuju dnevi sa noćima,
u nj ratuju dusi s nebesima.
T'jelo stenje pod silom duševnom,
koleba se duša u tijelu;
more stenje pod silom nebesnom,
koleblju se u moru nebesa;
volna volnu užasno popire,
o brijeg se lome obadvije.
Niko srećan, a niko dovoljan,
niko miran, a niko spokojan;

sve se čovjek bruka sa čovjekom:
gleda majmun sebe u zrcalo!

VLADIKA DANILO

Dobra vatra, a jošt bolje vino...
Malo si se, đedo, ugrijao,
pa prečišćaš svijet na rešeto!

IGUMAN STEFAN

Đe si bio danas, amana ti,
te si doma tako pozno došâ?
Stojâ u lov toliko nijesi,
ranije si svagda dohodio.
I đe su ti tjelohranitelji,
dva Novaka i barjaktar Pȉma?
Ne bio ih puštavat od sebe;
bio dozvat, dok ti Božić prođe,
dva-tri sina staroga Martina,
jere ti se ja sve bojim, sinko,
da će Turci tebe izgubiti;
dvadest-tridest da noćas udare,
kako ti se kuća osamila,
što bi šćeli, to bi učinili!

VLADIKA DANILO

Ne boj mi se, akobogda, đedo;
ne misli se o tome Turcima,
zle su misli i na njih napale!

Pa i da bi došli i stotina,
imam ovde desetak đačadi,
u kuću se bismo zatvorili,
mi se bili, a ti bi nam pjevâ.

IGUMAN STEFAN

Od te pjesne bože me sahrani,
teža bi mi bila no plakanje;
plakanje je pjesna sa suzama!

Idu da spavaju.

Dižu se pred zoru i idu u crkvu.
Svršila se leturđija, izlaze.
Đače priča igumnu Stefanu pred crkvom.

ĐAČE

Slušaj, đedo, da ti nešto kažem.
Kad su prva zvona zazvonila,
digâ sam se da idem u crkvu,
ali jeku nečesovu čujem;
te ja strči brže nakraj polja —
iako je lijepo vrijeme,
mišljah: skače voda u Ponoru.
Kad prisjedoh malo ukraj polja,
ali nije ono što ja mišljah,
no to brdo nakraj polja ječi
kako da će prsnut u oblake.

Puške grme, nebesa se lome,
fiska stoji mlade ubojnike!
Te ja brže-bolje preko polja;
kada dođi pri Đinovu brdu,
al' u brdo nigđe ništa nema,
no se negđe boj krvavi bije,
pa odzivom brdo uzječalo.

IGUMAN STEFAN

Muč', budalo, da li Božić nije?
Već je troje pojalo pjevacah,
sada puške najviše pucaju,
a to brdo kâ šuplja tikvina,
pa glasove hvata odsvakuda;
već za drugo i ne treba ništa,
no ponavlja ono što đe čuje
kao jedna prekomorska tica.

ĐAČE

Nije, đedo, tako mi Roždestva,
no nekakav pokolj te veliki;
od miline uru sam slušao!
Dim je crni legâ nad Bajice
kâ najgušći oblak o jeseni.

IGUMAN STEFAN

Hajd' otolen, što koješta drobiš!

Dim na Božić, velikoga čuda!
Kako će se svenarodnja žertva
bez oblakah dima učiniti?

*Čuje se grmljava pušaka niz polje. Pojaha
vladika Danilo hata i izide u polje, kad eto
niz polje pet-šest stotinah ljudih; on potrči
konja i brže-bolje dođe među nji. Oni se svi
oko njega u kolo okupi. Videći vladika pet
Martinovićah, Vuka Borilovića i tri svoje
sluge sve krvave, poče ih zapitovati.*

VLADIKA DANILO

Pričajte mi šta je tamo bilo,
al' ste vuci ali ste lisice?

VOJVODA BATRIĆ

Veseli su glasi, gospodare,
klanjamo se bogu i Božiću!
Najpriđe ti Božić čestitamo,
čestitamo Božić Gori Crnoj!
Mi pet bratah, pet Martinovićah
i tri tvoje sluge najvjernije
sa sokolom Borilović-Vukom
poklasmo se sinoć sa Turcima.
U pomoć nam ko god ču priteče,
sakupi se vojske kao vode.
I što ću ti duljiti pričanje:

koliko je ravnoga Cetinja
ne uteče oka ni svjedoka,
ni da kaže kako im je bilo,
te pod sablju svoju ne metnusmo
koji ni se ne kće pokrstiti;
koji li se pokloni Božiću,
prekrsti se krstom hristjanskijem,
uzesmo ga za svojega brata.
Kuće turske ognjem izgorjesmo,
da se ne zna ni stana ni traga
od nevjerna domaćega vraga.
Iz Cetinja u Ćeklić pođosmo;
ćeklićki se razbježaše Turci,
malo koga od njih posjekosmo,
ma njihove kuće popalismo;
od mečeta i turske džamije
napravismo prokletu gomilu,
neka stoji za uklin narodu.

VLADIKA DANILO

Blago meni, moji sokolovi,
blago meni, junačka svobodo,
jutros si mi divno voskresnula
iz grobovah našijeh đedovah!

Skida se s konja vladika te grli i celiva junake koji su počeli boj s Turcima, i tako idu niz polje pjevajući i puškama veselje čineći. Kada dođoše blizu crkve, ali je

*iguman Stefan pred crkvom i jošt jedan
kaluđer, koji držaše sveti putir u ruke.*

IGUMAN STEFAN

Ja ne vidim, nego čujem dosta.
Hajte, braćo, te se pričešćujte
bez priprave i bez ispov'jesti,
a ja mičem sve na moju dušu.

*Pristupaju i pričešćuju se koji ne bješe ruča.
Pošto se pričestiše, navrćeše peciva i počeše
kolo voditi, a vladika uljeze u kuću i uvede
sa sobom pet Martinovićah, Vuka Borilovića;
i tri njegove sluge za njima uljegoše.*

*Peku se peciva, igraju se momčad svake igre
i kolo poje.*

KOLO

Bješe oblak sunce uhvatilo,
bješe goru tama pritisnula,
pred oltarom plakaše kanđelo,
na gusle se strune pokidale,
sakrile se vile u peštere,
bojahu se sunca i mjeseca;
bjehu muška prsa ohladnjela,
a u njima umrla svoboda,
kâ kad zrake umru na planinu
kad utone sunce u pučinu.

Bože dragi, svijetla praznika!
Kako su se duše pradedovske
nad Cetinjem danas uzvijale,
igraju se na bijela jata,
kako jata divnih labudovah
kad se nebom vedrijem igraju
nad obrazom svijetla jezera.
Sokolovi pet Martinovićah,
koje jedna prsa zadojiše
a odnjiha jedna kolijevka,
dva Novaka s barjaktarom Pimom
i viteže Borilović Vuče,
koji prvi udriste na Turke, —
ko umije vama splesti v'jence?
Spomenik je vašega junaštva
Gora Crna i njena svoboda!

Izlazi iguman Stefan među narod i nose za njim dva momka među sobom jednu siniju i na njoj dvadest okah šenice varene, izmiješate zrnima šipčanima, nalite dobro vinom i medom. Narod se čudi njegovu poslu, i sav se okupi okolo njega da gledaju što hoće da radi. Momci postaviše koljivo nasred velikoga guvna, a iguman poče govoriti.

IGUMAN STEFAN

Čuj, narode, svi skinite kape!
Hoću spomen da činim dušama

vitezovah našega naroda;
danas će im najmilije biti,
od Kosova nigda kao danas.

Svak skida kapu i smiju se.

IGUMAN STEFAN (*čita naizust*).

Vjerne sluge pomjani, gospodi,
vladaoce, ma tvoje robove:
nepobjednog mladoga Dušana,
Obilića, Kastriota Đura,
Zrinovića, Ivana, Milana,
Strahinića, Relju Krilatoga,
Crnoviće Iva i Uroša,
Cmiljanića, vojvodu Momčila,
Jankovića, devet Jugovićah
i Novaka poradi halaka,
i ostale naše vitezove!
Na nebu im duše carovale
kâ im ime na zemlji caruje!

Izjedoše ono koljivo, ručaše i svak doma odlazi.

*Novo ljeto. Izišli iz crkve, sjede uz oganj,
pa se nešto iguman zamislio.*

VLADIKA DANILO

Nešto si se zamislio, đedo,
ali ti se drijemat počelo.

IGUMAN STEFAN

Ne drijema', nego nešto mislim,
pa se čudim za novu godinu,
što je danas ošćela ljudima?
Rašta nije s početkom proljeća,
kad se sunce sa juga povrati
i kad počnu dnevi napredovat,
kad se zemlja obuče u zelenju
i stvar svaka kad na njoj dobije
novi život i vid sasvim novi?

VLADIKA DANILO

Sve jednako, tada ali danas,
vrijeme će svojim tokom hodit;
a ovo su stari uredili.

IGUMAN STEFAN

Ko je da je, nije ugodio.

Ulazi jedno momče k njima, celiva vladiku u ruku, pa igumna Stefana.

VLADIKA DANILO

Što je, momče, otkuda si sada?
Eda ćeš ni što dobro pričati?

MOMČE

Ja sam ulak od Rijeke sada;
serdar Janko poslâ me do tebe
da ti pričam što je kod nas bilo.

VLADIKA DANILO

Pričaj, sinko, što najbrže možeš.

MOMČE

Kako čusmo za boj na Cetinju,
da na glavu pogiboše Turci,
serdar Janko odmaha otpravi
dva momčeta riječkim Turcima:
ko ne misli na koran pljunuti,
neka bježi glavom bez obzira!
Turci momčad kod sebe primami
i oboje na Obod objesi.
U to serdar poklič niz nahiju;
svak potrči k riječkome gradu,
al' zaludu — svi utekli Turci
u lađama put bijela Skadra;
samo Bogdan što je pohitao
te ubio riječkog kadiju.
Šćaše doći serdar s glavarima
da ti priča sve kako je bilo,
no nemaše kada ostaviti,
razuraju grada Obodnika

i sve turske kule i džamiju,
da naš pazar ne smrdi nekršću.

Preklanja se ulak, celiva opet vladiku u ruku,
meće mu knjigu na skut i odlazi.

Vladika Danilo zove đače da pročita onu
knjigu da je čuje i iguman Stefan.
Đače uzima knjigu.

ĐAČE (*čita*).

„Knez Nikola i svi Dupiljani
pozdravljamo našega vladiku!
Pišemo ti što je kod nas bilo:
Kako čusmo što bi na Cetinju,
poklasmo se s našijem Turcima.
Dan i noć je poklanje trajalo;
bješe puna Crmnica Turakah,
desečara, age, izjelice.
Malo ko nam u pomoći dođe;
i mi smo ti grdno izginuli,
polovina u boj pogibosmo;
nestalo je groblja oko crkve,
po šestinu u jedan kopamo!
Po Crmnici Turke isjekosmo
i grad Besac s zemljom izravnismo.
Sad ti nema u našu nahiju
obilježja od turskoga uha
do trupine ali razvaline."

*Vladika Danilo plače, a iguman
se Stefan smije.*

VLADIKA DANILO

Ti, igumne, ne razumje pismo,
a bi i ti na njem proplakao:
po šestinu ujedno kopaju!

IGUMAN STEFAN

Razumijeh ga, al' plakat ne mogu;
da umijem plakat od radosti,
bih plakao slađe nego igda,
al' kod mene kada poje duša,
suze mi se smrznu od radosti.

*Bije neko u vrata od kujine, da ih slomi;
misle da je lud.*

IGUMAN STEFAN

Pomoz' bože i Mali božiću!
Kad je radost sa svakoje strane,
nek uljeze i ta' ludi k nama
da nam kuću napuni smijeha!

*Otvaraju đaci vrata: kad evo Vuk Mandušić;
namračio se i crni mu brci pali na izlomljene
toke, džeferdar prebijen nosi u ruke, i sjeda
kod ognja, sav krvav; nikome ni „pomoz' bog".
Začude se kad ga onakvoga vide.*

VLADIKA DANILO

Što je, Vuče? Grdno li izgledaš!
Viđu da si s krvave poljane,
gazio si negđe vatru živu,
i bog znade do tebe samoga
je li iko tu živ pretekao;
jer bez muke ne prskaju toke
ni se lome takvi džeferdari
te s' od vitke žice sakovani.

VUK MANDUŠIĆ (*mrko priča*).

Na Šćepandan dođe mi odiva
iz Štitarah, ljetos povedena,
i kaza mi: „Evo haračlije
u Štitare da kupe harače!"
Te ja skupi pedeset momčadi
i zapadni s njima pod Štitare
da posiječem Turke izjelice.
Puču puške lješanskom nahijom;
mislim: idu Turci u harače,
pa na raju stravu udaraju, —
kad boj čujem u Progonoviće,
te ja poteć' sa onom družinom.
A kad tamo, muka i nevolja:
udarilo dvjesta haračlijah,
poturice ljuta Arnauta,
na krvavu Radunovu kulu.
Sam se Radun u kulu nagnao

i s njim žena njegova Ljubica;
žena mlada, ama soko sivi,
puni puške svome gospodaru;
Radun gađa s prozora od kule,
sedminu je na obor ubio.
No mu došla bješe pogibija;
Turci bjehu slamu i sijeno
oko b'jele kule nanijeli
pa zažegli sa svakoje strane.
Plam se digâ bješe u nebesa
i kulu mu bješe dohvatio!
A on gađa puškom, ne prestaje;
popijeva tanko, glasovito,
pripijeva Baja i Novaka,
pripijeva Draška i Vukotu
i dva Vuka od sela Trnjinah,
Markovića i Tomanovića,
a klikuje i žive i mrtve —
vidi strašnu uru pred očima!
Nama živa srca popucaše,
potrčasmo kuli Radunovoj,
oko nje se poklasmo s Turcima,
izbavismo iz kule Raduna,
ma izgore ojađela kula.
Jošt nam đeko u pomoć priskoči,
te od kule poćerasmo Turke;
do Kokotah, više Lješkopolja,
osamdeset i tri posjekosmo.
I u boju kod bijele kule

olova mi toke izlomiše,
a u razdvoj boja krvavoga,
najpotonja koja puče turska —
džeferdara držah pred očima —
prestriže ga, ostala mu pusta, (*plače*)
po remiku, kâ da trska bješe!
Više žalim pusta džeferdara
no da mi je ruku okinula.
Žâ mi ga je kâ jednoga sina,
žâ mi ga je kâ brata rodnoga,
jere bješe puška mimo puške,
srećan bješe, a ubojit bješe,
oko njega ruke ne previjah,
svagda bješe kao ogledalo;
u hiljadu drugijeh pušakah
poznati ga šćaše kada pukne.
Pa sam došâ do tebe, vladiko:
na moru je od svašta majstorah,
bi l' mi mogli pušku prekovati?

VLADIKA DANILO

Mrki Vuče, podigni brkove
da ti viđu toke na prsima,
da prebrojim zrna od pušakah
kolika ti toke izlomiše!
Mrtvu glavu ne diže iz groba
ni prekova bistra džeferdara.
Zdravo tvoja glava na ramena,
ti ćeš pušku drugu nabaviti,

a u ruke Mandušića Vuka
biće svaka puška ubojita!

*Vladika ustade i dade Mandušiću
iz odaje svoje jedan dobar džeferdar.*

BELEŠKA O PISCU

Petar II Petrović Njegoš, istaknuti pesnik, vladika i vladar Crne Gore, rođen je 1813. godine u Njegušima, naselju koje se nalazilo na severozapadnom delu Lovćena. Na krštenju je dobio ime Radoje (Rade), a njegov otac Tomo bio je najmlađi brat vladike Petra I.

Godine 1825. Njegoš odlazi na školovanje u Cetinjski manastir kod strica Petra I koji ga lično podučava. U jednom periodu znanje stiče i od pesnika Sime Milutinovića Sarajlije koji je u Crnu Goru došao 1827. godine. To što nije išao u pravu školu nije sprečilo ovog krajnje inteligentnog vladara da savlada nekoliko stranih jezika, stekne znanje iz filozofije, istorije i drugih nauka, ali i da se posveti pisanju i književnosti.

Godine 1827. vladika Petar I proglašava ga svojim naslednikom.

Posle stričeve smrti, 1831. godine, Njegoš se zamonašio i primio upravu nad Crnom Gorom. Našavši se veoma mlad na čelu države, suočio se sa sa mnogobrojnim problemima. Na Crnu Goru su pretendovali mnogi stranci, zemlja je privredno slabila, a sve češće je dolazilo i do međuplemenskih ratova.

Dve godine po stupanju na vlast, 1833. otputovao je u

Petrograd da dobije titulu vladike, budući da je tada svaki crnogorski vladar ujedno bio i vladika, tj. poglavar crkve.

Vrativši se iz Rusije, Njegoš je pokušao da modernizuje državu kojom su vladala plemena i krvna osveta. Otvarao je škole, osnivao sudove, gradio puteve, pomagao kulturu, uveo plaćanje poreza. Nažalost, nisu svi želeli takvu državu, pa se Njegoš silno borio sa svojim protivnicima.

Uz sve državne poslove, uvek je pronalazio vremena za sopstveno obrazovanje i književni rad.

U jesen 1849. godine, oboleo je od tuberkuloze, a dve godine kasnije, 1851. od iste bolesti i preminuo.

Pred smrt, ostavio je zavet da se sahrani u maloj kapeli na Lovćenu, kao i da njegovi podanici žive u miru i slozi. Nažalost, Crnu Goru su decenijama kasnije razarali ratovi, a sva Njegoševa imovina je rasturena ili uništena. Njegovi posmrtni ostaci premeštani su nekoliko puta. Danas njegove mošti počivaju u mauzoleju na Lovćenu.

Gorski vijenac predstavlja najznačajnije Njegoševo delo. Ova refleksivno-herojska poema nastala u doba romantizma, objavljena je u Beču 1847. godine na srpskom jeziku, kao jedno od ukupno četiri dela pisana narodnim jezikom. Svojom pojavom predstavlja veliki doprinos pobedi Vukove borbe za narodni književni jezik. Obrađujući temu istrebljenja poturica u Crnoj Gori s kraja 17. i početka 18. veka, ovaj ep svrstao se u one izuzetne tvorevine poezije u koje kao da se sleglo sveukupno filozofsko i pesničko iskustvo čitavih epoha u životu pojedinih naroda i civilizacija.

REČNIK

ali — ili
aman — vera; *amanat mi* — vere mi
amvon — u pravoslavnoj crkvi: uzvišeno mesto ispred oltara, sa koga se čitaju Sveto pismo, molitve, propovedi i pomeni
ano — a ono
arač — hrana i piće što se nosi na put
aferim — bravo! tako valja!

ban — u Crnoj Gori kažu u govoru svakome čoveku kad hoće da pokažu da ga poštuju
begenisati — voleti, milovati
besčestije — sramota
bijela — bolest očiju
binjiš — ogrtač
bir — što se daje popu svake godine od oženjene glave
bjeljeg — beleg, znak; mesto unapred određeno za sastanak
blistatelni — sjajan, blistav
bostan — bašta, vrt, cvetnjak
brav — ovca ili koza
bratstvo — deo plemena; u Crnoj Gori nahije se dele na

plemena, a plemena na bratstva; ljudi jednog bratstva imaju jedno prezime i slave jedno krsno ime

brukati se — rugati se

velji — veliki

vijenac — u Crnoj Gori znači i duga kosa što žene oviju oko glave

vjedogonja — biće sastavljeno od vjed- (veštice) i gon- (onaj koji proganja veštice), čovek iz kojega u snu izađe duh; ovakvi duhovi po planini izvaljuju drveće, pa se s njima biju između sebe

vojvoda — u Crnoj Gori starešina kneževine ili plemena

voinstven — ratnički

volna — talas

vršina — vrh gore

glaviti — dogovarati se

grivna (oraha) — niz, niska

grmen — grm

dajbudi — bar, najmanje

damaskija — modra ili išarana sablja, kakve su se nekad kovale Damasku

desečar — koji kupuje desetinu; koji zapoveda desetorici vojnika

divotnik — divan čovek, kome se treba diviti

dilber — lepotan, miljenik, dragan

din — vera

djejatelni — aktivan, koji radi

djejstvije — delovanje, radnja

dolama — duga haljina od čohe, sa dugim rukavima
drača — bodljikava biljka

đàvolji — nijedan

e — jer; da
eja — eda; da
ema — nego; ali

žbir — čovek koji po naređenju hvata krivce i vodi ih u tamnicu, pandur
žvale — gvožđe na uzdi što konju stoji u zubima; usta, čeljusti
žrec — sveštenik

zabobonjiti — zagrmeti, zavikati
zagon — navala, trk
zažditi — podstaknuti, naoštriti koga na što, zapaliti
zamaštati — opčiniti
zàpirati — zapinjati
zarok — opklada
zahukati — zaurlati, zalelekati, zajaukati
zlost — zlo, zloća
znamenje — zastava
zor — sila, prisiljavanje
zublja — baklja, luča; u Crnoj Gori usukano leskovo ili hrastovo drvo koje se suvo pali za osvetljavanje

izba — soba
izdizati — u Crnoj Gori znači i kretati se leti s ovcama u planinu

izdušiti — prestati, ne čuti se više
izlinjati — biti, tući; nestajati, iščezavati
izmećar — sluga
ispretati — izvaditi ispod vruća pepela
istraga — propast, iskop
istrešiti — izbuljiti oči

javje — java
jazičestvo — paganstvo, mnogoboštvo
jâčina — dronjak, krpa
jejina — sova

kavaz — jedan od najbližih momaka oko turskoga paše
kavazbaša — starešina kavaza
kavurin — nevernik
kadija — sudija
kami — u zao čas, govori se u kletvi da bi se kao skamenilo ono što se kune
kandžija — bič
karta — hartija, papir
kvarat — četvrt kilograma
klikovati — vikati, zvati
kluvko — klupko, klupče
kljusa — klopka, stupica
ključ — izvor, mlaz, motka
knez — svako pleme ga ima, treći je po rangu: prvi je serdar, a drugi vojvoda
knjiga — pismo
kokot — petao, pevac

kolan — opasač, remen što drži sedlo na konju, a prelazi konju preko trbuha
konjuška — konjušnica
krivanja — vika, rika
krknuti — pisnuti, dahnuti
kudijen — kuda
kulje — trbuh

ližisahan — koji liže tuđe sahane, parazit
lik — skup, družina (anđela jedne vrste)
lubarda — top
lužina — bara
luna — mesec
luča — zrak

ljubov — ljubav

máma — mamac
mamon — personifikacija bogatstva, zemaljskog blaga; bog zlata, zlatno tele
marač — mart
masla — posvećeno ulje kojim se bolesni mažu u nadi da ozdrave i molitve koje se pri tom izgovaraju
maštanije — čini, čarolija, opsena
mečet — mala džamija
miždrak — koplje
milet — narod, puk; soj
minder — postelja
mir — svet

mirobitan — koji se tiče sudbine sveta
mjesecoslov — kalendar
mješavina — zbrka, tiska, krkljanac
mlade, mladeta — mladić
mladenac — malo dete
mladika — mladica
mramor — nadgrobni kamen
mramorje — gomila mramora
mrcino — kukavički, sramno
mrčiti — činiti da što bude mrko, gariti, čađaviti
munar, munara — visoka uska kula uz džamiju, minaret

nabrecati — nadimati; nadahnjivati
nagnati se — naći se
nagnut — silan; svojeglav, pust
năda — čelik
nadebljati — praviti se važan
nadmašiti se — nadmetati se
nako — no ako, jedino, samo
naredan — spreman, gotov
narok — sreća
nahlija — okrug, srez, kotar
nedovoljstvo — oskudica
nedružina — družina koja nije prava
nečesov — nekakav
ništav — koji ništa ne vredi, slab
nugao — ugao, kut

njiviti — gajiti, negovati

obeštati se — obećati se, zavetovati se
obisti — pokušati
oblagati — lažući ubediti koga, obmanuti ga
obličiti — otkriti
obrivati — obrijati
ovđena — ovde
ogranuti — obradovati, olakšati
odiva — udata devojka (za one iz čijeg se doma udala)
odnjiviti, odnjihati — odgajiti
oklopiti — pokriti, poklopiti
optok — ono čim je haljina optočena, obrubljena
oslačiti — postati sladak
otačastvo — domovina
otrsiti — opremiti, svršiti koji posao
otršati — otpravljati
očajati — ostati

palac — dvorac
panjega — udubljenje u zidu blizu ognjišta u kojoj se drži hleb ili tikva s vodom
pâs — koleno, pokolenje
pati — čist
peštera — pećina
pljevac — petao
piska — zviždanje; oštar jauk
povukovati — odugovlačiti, otezati
povukuša — koji se od kakva posla povuče; koji se povlači od kuće do kuće da što pojede
pogrditi — osramotiti
pozamrcati — biti zatečen od mraka (napolju ili na putu)

poklisar — poslanik
pomiljeti — gamizati, puzati
pomjanuti — spomenuti, ne zaboraviti, setiti se
popečenje — briga
popirati — tlačiti, gaziti
posad — odsad
posanje — sisanje
posunetiti — obrezati, poturčiti
potoč — potera
praznov — puki siromah
prvijenac — onaj od svatova koji ide prvi ispred ostalih; zovu ga i buljubaša
prebol — ozdravljenje
previrati — kipeti
prevlastiti — nadvladati, uzeti pod svoje, osvojiti
pregalac — čovek koji odluči da nešto učini
predika — pobožan sveštenikov govor u crkvi
pređe — prije
predstojati — biti blizu, pretiti
prekrvnik — veliki krvnik
premjena — promena
premisliti — pomisliti na nešto
prepona — kalup u opančara
preslačci — poslastice
pretucati — udarati, prebijati
predizati — pomagati nekome da nešto podigne; ubijediti
priđe — prije
prizirati se — priviđati se
prikumak — momak koji pomaže kumu pri krštenju
primariti — prigrejati, pripeći

princip — knez, mletački dužd
prionjati — prijanjati, pristajati uza što
prisukati — primaći; navršiti (o godinama)
pričina — uzrok; priviđanje
providur — mletački upravnik oblasti
proz — kroz
propast — provalija
proskura — hleb što ga sveštenik blagoslovi i prelomi pa njim pričešćuje vernike
proćukati se — pročuti se
prtljati — koješta govoriti, blebetati
prćija — miraz što se da uz devojku; imanje koje ne ide u zadrugu
punje — vino što se o krsnom imenu daje u crkvu i s kojim se u slavu ustaje
pučina — svetina

razgubati — uništiti
razdvoj — svršetak
razmicanje — oklevanje; *ne bi razmicanja* — nemade se kud
razurati — rušiti
raskrhari — razlomiti
raspjatije — raspeće
rasprtiti se — sručiti se
rastićiti se — razmnožiti se
ratiti — ratovati
riječanje — prepirka, svađanje
ridžal — velikaš, carev sluga, činovnik
rubetina — košulja
ruga — šala

saruk — zavoj oko kape, fesa, čalma
sastavanje — sastanak
satvar — stvar
sahan — činija
serdar — vođa, nahijski starešina
sinija — nizak sto na kojem se jede; velika drvena činija
sirak — ko nema nikoga svoga, sirotan
sjem — osim
skiptar — štap, žezlo, palica, simbol vladareve moći
slavlja — slavuj
sobitije — događaj
sočinenjie — delo
splaka — bara
staviti se — setiti se; posumnjati
stanak — sastanak
stjecati se — skupljati se; zbivati se
stuglina — debelo šuplje drvo
sugreb — mesto gde su psi ili lisice grebali zemlju
sustopice — držati korak

tandariha — raj
tartar — pakao
tvrđa — krševito tle
tenac — vjedogonja
toke — krupna srebrna ukrasna dugmad na prsima dolame
torževo, toržestvovati — trijumf, trijumfovati
trag — potomstvo
tušte — nebrojeno mnogo

ćeskota — teskoba
ćitap — knjiga, sveta knjiga
ćukati — govorkati

ubojnik — ratnik, junak
uvaženije — poštovanje, obzir
uvor — mesto gde manja voda uvire u veću
udužiti se — odužiti se
užditi — užeći
uzbluditi se — pokvariti se
uklin — prokletstvo
ulak — glasnik
uljanik — mesto gde su pčele i košnice, pčelinjak
uljesti — ući
utrkmiti — pomiriti, izmiriti

fakir — siromah, puka sirotinja
fildiš — slonova kost
fiska — vika, vriska
frištati — vrištati, oštro vikati, šištati
fukara — siromah, puka sirotinja

habati se — kaljati se
halak — vika, graja
halat — crveni konj
hila — lukavstvo, prevara, podvala
hurija — rajska lepotica

cekin — dukat
cijene — jeftino

cukar — šećer

čabar — drvena posuda sa dva uveta, kojoj je visina veća od širine
čalma — bela tkanina koju Turci nose oko fesa
čamati — slabjeti, ginuti
čegrst — mala svađa, zađevica
čengel — gvozdena kuka
čepukati — šetkati se
čest, čestan — čast, častan
člen — deo tela
črez — kroz

džeferdar — vrsta starinske puške, često ukrašena sedefom i draguljima

šenuti — pomaći se; poludeti
šehit — mučenik, borac za veru
šipčani — od šipka (nara)
šišana — kratka puška
šućur — hvala

Naslovna fotografija: Plukje
(https://pixabay.com/photos/tree-meadow-sunset-sunrise-dusk-189852)

www.ingramcontent.com/pod-product-compliance
Lightning Source LLC
Chambersburg PA
CBHW050234120526
44590CB00016B/2090